초등학생을 위한

표준 한국어
익힘책

고학년

의사소통 4

초등학생을 위한

표준 한국어
익힘책

 국립국어원 기획 | 이병규 외 집필

고학년

의사소통 4

마리북스

발간사

　국립국어원에서는 교육부 2012년 '한국어 교육과정' 고시에 따라 교육과정을 반영한 학교급별 교재 개발을 진행하였습니다. 이어서 2017년 9월에 '한국어 교육과정'이 개정·고시(교육부 고시 제2017-131호)됨에 따라 2017년에 한국어(KSL) 교재 개발 기초 연구를 수행하였고, 연구 결과를 바탕으로 초등학교 교재 11권, 중고등학교 교재 6권을 개발하여 2019년 2월에 출판하였습니다.

　교재에 더하여 학교 현장에서 다문화가정 학생들의 한국어 의사소통 능력 및 학습 능력 함양에 보탬이 되고자 익힘책을 개발하게 되었습니다. 교재와의 연계성을 높인 내용으로 구성하여 말 그대로 익힘책을 통해 한국어를 더 잘 익힐 수 있도록 노력하였습니다. 더불어 익힘책의 내용을 추가 반영한 지도서를 함께 출판하여 현장에서 애쓰시는 일선 학교 담당자들과 선생님들에게도 교재 사용의 길라잡이를 제공하고자 하였습니다.

　'다문화'라는 말이 더 이상 낯설지 않은 한국 사회에서 다문화가정 학생들이 한국 사회 구성원으로서의 정체성 함양에 밑거름이 되는 한국어 능력을 기르는 데 《초등학생을 위한 표준 한국어》가 도움이 되기를 바랍니다. 국립국어원에서는 이제껏 그래왔듯이 교재 개발 결과가 현장에서 보다 잘 활용될 수 있도록 돕기 위하여 교재 개발은 물론 교원 연수 등을 통해 지속적으로 다문화가정 학생들의 한국어 능력 향상을 위해 노력하겠습니다.

　끝으로 3년간 《초등학생을 위한 표준 한국어》 교재와 익힘책, 지도서 개발과 발간을 위해 애써 주신 교재 개발진과 출판사에 깊은 감사의 말씀을 드립니다.

2020년 1월
국립국어원장 소강춘

머리말

　새로 발행되는《초등학생을 위한 표준 한국어 익힘책》은 2019년에 개정되어 출판된《초등학생을 위한 표준 한국어》와 함께 사용하는 보조 교재입니다. 본교재로서《초등학생을 위한 표준 한국어》는 고학년과 저학년의 학령과 숙달도에 맞게 각 4권, 총 8권으로 출판된〈의사소통 한국어〉교재와 세 학년군, 세 권 책으로 분권 출판된〈학습 도구 한국어〉교재를 통해 초등학생들의 한국어(KSL) 학습의 바탕이 되고 있습니다. 익힘책 교재는 이들 교재와 긴밀하게 연계된 단원 구성을 가지고 있으며, 본교재의 한국어(KSL) 학습 내용을 다시 떠올리고 관련된 연습 활동을 충분히 수행할 수 있도록 구성되었습니다.

　〈초등학생을 위한 표준 한국어 의사소통 익힘책〉은〈의사소통 한국어〉교재와 연계되어 있으며 일상생활과 학교생활의 다양한 장면 속에서 어휘와 문법을 연습할 수 있도록 편찬되었습니다. 무엇보다도〈의사소통 한국어〉본단원에서 학습한 목표 어휘와 문법을 다양한 상황에 따라 사용할 수 있고 말하고, 듣고, 읽고 쓰는 주요한 언어 기능의 통합적 사용을 되새기며 연습할 수 있도록 하는 활동이 주요하게 제시되었습니다.〈학습 도구 한국어〉교재와 연계된〈초등학생을 위한 표준 한국어 학습 도구 익힘책〉은 교실 수업과 교과 학습 상황에 필요한 주요한 어휘와 학습 개념을 복습하고 활용하는 내용들로 채워져 있습니다. 본단원에서 제시된 학습 도구 어휘, 교과 연계적 개념과 기능들을 특히 읽기와 쓰기의 문식성 활동들을 통해 되새기고 연습할 수 있도록 합니다.

　2019년에 개정 출판되었던《초등학생을 위한 표준 한국어》교재와 마찬가지로, 새로 출판되는《초등학생을 위한 표준 한국어 익힘책》역시 초등학생 학습자와 초등 교육 현장의 특성을 충분히 이해하고 반영하려는 여러 노력들을 바탕으로 한 것입니다. 익힘책 편찬에서는 교실에서의 학습 조건이나 교재를 활용하는 다양한 환경이 많이 고려되었습니다. 학습자와 교사 모두가 본교재에 접근하는 데에 실질적인 도움을 얻고 어려움을 덜 수 있도록 익힘책이 보조하도록 하였습니다.

　《초등학생을 위한 표준 한국어 익힘책》편찬을 위해 많은 관심과 지원을 아끼지 않은 국립국어원 소강춘 원장님을 비롯한 관계자 여러분께 감사드립니다. 본교재와 더불어 익힘책 교재로 이어졌던 고된 집필을 마무리하기까지, 노력과 진심을 다해 주신 연구 집필진 선생님들께, 그리고 마리북스 정은영 대표를 비롯한 출판에 도움을 주신 많은 분들께도 감사의 마음을 전합니다.

2020년 1월

연구 책임자 이병규

단원 번호와 단원명

단원의 주제를 제목으로 제시하였습니다.

차시 번호와 차시 제목

해당 차시의 주제를 제목으로 제시하였습니다.

목표 어휘 연습

학습 대상 어휘를 다양한 활동을 통하여 연습합니다.

목표 어휘 연습 확장

학습한 어휘를 활용하여 구나 문장 만들기 연습을 합니다.

---

5 친구 관계

1 처음 만난 친구

1. 기분을 나타내는 말을 찾아 색칠하고 써 봅시다.

쑥	인	절	먹	장	난	어
파	스	미	뛰	당	치	리
리	산	럽	휘	황	다	둥
불	안	하	다	스	미	살
날	리	면	성	럽	안	라
억	창	피	하	다	정	줄

① _____

② _____

③ _____

④ _____

2. 〈보기〉와 같이 써 봅시다.

〈보기〉 처음 우리 학교에 전학 왔을 때는 좀 <u>불안했어요</u>.

① 친구들이 내 이름을 이상하게 발음해서 _____.

② 많은 친구들 앞에서 발표할 때 _____.

③ 나만 준비물을 안 가져왔을 때 _____.

④ 친구들이 내가 한국말을 잘한다고 칭찬해 주면 _____.

74 • 의사소통 한국어 익힘책 4

✏️ 부끄럽다, 쑥스럽다, 창피하다, 당황스럽다, 불안하다
🗨️ -을까 봐

● 〈의사소통 한국어 4〉 90~91쪽

연계 안내

〈의사소통 한국어 4〉의 연계
쪽수를 안내합니다.

3. 써 봅시다.

먹다 ➡ 먹을까 봐	늦다 ➡	듣다 ➡	춥다 ➡
틀리다 ➡ 틀릴까 봐	보다 ➡	아프다 ➡	달다 ➡

4. 〈보기〉와 같이 두 문장을 연결하고 써 봅시다.

〈보기〉 한국어 발음을 틀리다 + 불안하다 ➡ 한국어 발음을 틀릴까 봐 불안했어요.

① 집에 갈 때 길을 잃다 + 걱정되다

➡ _____

② 내가 실수하는 것을 친구들이 보다 + 창피하다

➡ _____

③ 높은 곳에 올라가면 떨어지다 + 무섭다

➡ _____

목표 문법 연습

학습 대상 문법을 연습하고,
학습한 문법 형태를 활용하여 구나
문장 만들기 연습을 합니다.

5. 틀린 것을 고쳐 써 봅시다.

제가 처음에 우리 학교에 전학 왔을 때는
한국어를 잘 못했어요. 그래서 친구들하고
잘 어울리지 않았어요. 한국어 발음을
틀리까 봐 부끄러웠거든요. 그런데
지금은 한국말도 잘하게 됐고, 친구들
하고도 잘 지내요.

➡

5. 친구 관계 • 75

적용 활동

공부한 내용을 일상생활 상황에
적용하고 실천하며 내면화합니다.

Ⅰ. 다음 글을 읽고 답을 써 봅시다. [1-5]

> 1월 1일 　　　 날씨: 🌞
>
> 제목: 새해 계획
>
> 　오늘은 1월 1일, 새해의 첫날이다. 날씨도 맑고 별로 춥지 않았다. 나는 새해를 맞이하여 새로운 계획을 세웠다. 나는 지금보다 더 건강해지고 싶기 때문에 운동을 열심히 할 것이다. 날씨가 좋을 때도 흐릴 때도 날마다 줄넘기를 할 계획이다. 그리고 한국어 실력이 부족하기 때문에 하루에 한 시간씩 한국어 공부를 할 생각이다. 한국말로 날마다 일기를 쓰면 한국말 실력이 좋아질 것 같다. 이렇게 1년 동안 열심히 하면 몸도 건강해지고 한국말 실력도 좋아질 것 같아서 벌써부터 기분이 좋다.

1. 언제 쓴 일기예요? _____

2. 날씨가 어때요? (　　　)

　① 추워요.　　　② 맑아요.　　　③ 흐려요.　　　④ 비가 와요.

3. 날마다 무엇을 할 거예요? 두 가지를 찾으세요. (　　, 　　)

　① 줄넘기하기　② 우유 마시기　③ 계획 세우기　④ 한국어 공부하기

4. 어떤 새해 계획을 세웠어요?

　① 나는 _____ 기 때문에 운동을 열심히 할 거예요.

　② 한국말 실력이 부족하기 때문에 _____.

5. 여러분의 어제 일기를 써 보세요.

월   일   날씨:

제목:

_____

_____

_____

_____

_____

Ⅱ. 선생님과 같이 이야기해 봅시다. [6-13]

6. 몸을 다친 적이 있어요? 어떻게 하다가 다쳤어요? 아플 때 어떻게 했어요?

7. 취미가 뭐예요? 시간이 있을 때 뭘 해요? 누구하고 같이해요? 얼마나 자주 해요?

8. 가족 여행을 간 적이 있어요? 언제, 어디로 갔어요? 가서 무엇을 했어요?

9. 오늘 숙제가 뭐예요? 친구들과 함께 숙제를 한 적이 있어요? 무슨 숙제를 했어요?

10. 학교에 어떤 규칙이 있어요? 교실에서 뭘 하면 안 돼요? 급식실에서 어떻게 해야 해요? 급식실에서 뭘 하면 안 돼요?

11. 오늘 학교에 올 때 선생님께서/부모님께서 뭐라고 하셨어요? 그래서 여러분은 어떻게 대답했어요?

12. 휴대 전화를 사용해 본 적이 있어요? 휴대 전화로 무엇을 가장 많이 해요? 휴대 전화를 사용할 때 어떤 점을 조심해야 해요?

13. 여러분의 장래 희망은 뭐예요? 뭐가 되고 싶어요? 언제부터 그런 생각을 했어요? 왜 그것이 되고 싶어요?

'알고 있나요?' 점검하기

질문에 잘 대답했는지 선생님과 확인해 봅시다.

문항	평가 기준	매우 잘함	잘함	보통
1	글을 읽고 질문에 정확하게 대답할 수 있어요.			
2	글을 읽고 질문에 정확하게 대답할 수 있어요.			
3	글을 읽고 질문에 정확하게 대답할 수 있어요.			
4	글을 읽고 질문에 정확하게 대답할 수 있어요.			
5	1) 어제 한 일을 쓸 수 있어요. 2) 일기 형식에 맞추어 날짜와 날씨, 제목을 쓸 수 있어요.			
6	1) 다친 경험, 원인, 대처 방법에 대해서 3~4문장 이상 말할 수 있어요. 2) '넘어지다, 다치다, 데다, 베이다' 등의 어휘와 '-다가'를 연결하여 자연스럽게 말할 수 있어요.			
7	1) 자신의 취미, 여가 시간에 주로 하는 일에 대해 3~4문장 이상 말할 수 있어요. 2) '매일, 일주일에 2번 정도'와 같이 빈도를 포함하여 말할 수 있어요.			
8	1) 가족 여행 경험, 장소 및 시간, 가서 한 일 등에 대해 3~4문장 이상 말할 수 있어요. 2) '-은 적이 있다'를 자연스럽게 사용할 수 있어요.			
9	1) 개인 숙제와 친구들과 하는 모둠 숙제에 대해 3~4문장 이상 말할 수 있어요. 2) 숙제가 기억나지 않으면 오늘 알림장 내용을 가지고 숙제와 준비물에 대해 말해도 돼요.			
10	1) 학교, 교실, 급식실, 운동장에서 지켜야 하는 규칙에 대해 3~4문장 이상 말할 수 있어요. 2) 규칙에 대해 말할 때 '-으면 되다'와 '-으면 안 되다'를 자연스럽게 사용할 수 있어요.			

11	1) 선생님, 부모님께서 하는 말씀을 '-는다고 하다'와 '-으라고 하다', '-자고 하다', '-냐고 하다', '-어 달라고 하다' 등을 사용해서 적절하게 표현할 수 있어요. 2) 선생님의 질문에 간접 화법으로 대답할 수 있어요. **예** 선생님: 어머니께서 말씀하셨어요. "빨리 숙제를 하세요." 　　학생: 어머니께서 빨리 숙제를 하라고 말씀하셨어요.			
12	1) 휴대 전화를 사용한 경험과 조심해야 하는 점을 3~4문장 이상 말할 수 있어요. 2) 휴대 전화가 없는 경우에 휴대 전화가 생기면 무엇을 하고 싶은지 이야기할 수 있어요.			
13	1) 장래 희망과 그것이 되고 싶은 이유를 말할 수 있어요. 2) 장래 희망을 말할 때 '-고 싶다'나 '-었으면 좋겠다'와 같은 표현을 사용할 수 있어요.			

1 기상 현상

1 날씨에 따른 모습

1. 알맞은 말을 골라 써 봅시다.

태풍이 오다　　장마가 지다　　폭설이 내리다　　안개가 끼다　　소나기가 쏟아지다

① _____　　② _____　　③ _____

④ _____　　⑤ _____

2. 어울리는 것을 연결하고 빈칸에 알맞은 말을 찾아 써 봅시다.

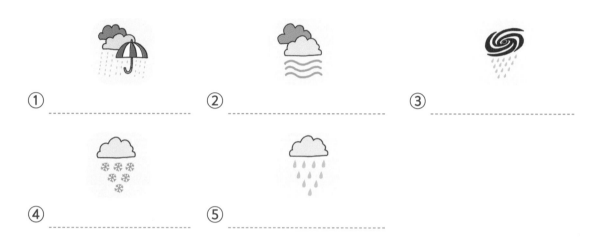

① ——————————— 앞이 잘 안 보이다

② · · 길이 눈으로 _____

③ · · 비바람이 _____

④ · · _____ 일어나다

⑤ · · 강물이 _____

태풍, 소나기, 쏟아지다, 안개, 끼다, 장마가 지다, 폭설, 덮이다,
산사태, 몰아치다, 불어나다 🔳 으로 인해

● 〈의사소통 한국어 4〉 18~19쪽

3. 〈보기〉와 같이 써 봅시다.

1) 날씨 때문에 일어날 일을 써 보세요.

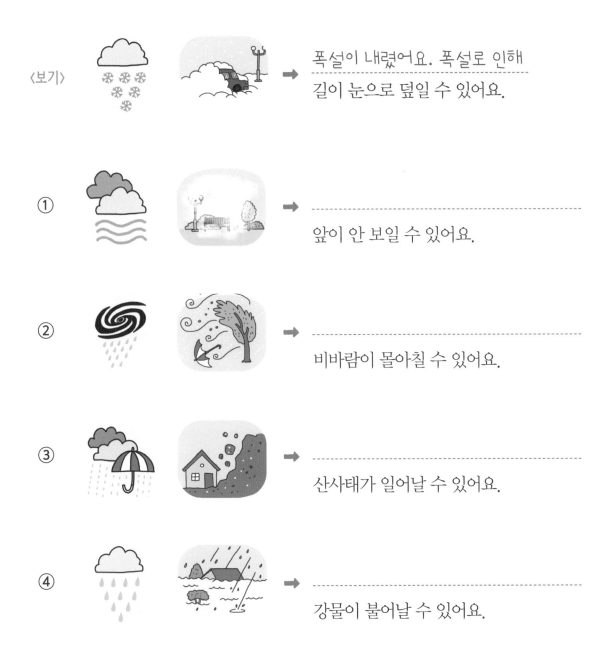

〈보기〉 ➡ 폭설이 내렸어요. 폭설로 인해
길이 눈으로 덮일 수 있어요.

① ➡ _____
앞이 안 보일 수 있어요.

② ➡ _____
비바람이 몰아칠 수 있어요.

③ ➡ _____
산사태가 일어날 수 있어요.

④ ➡ _____
강물이 불어날 수 있어요.

2) 한 문장으로 써 보세요.

〈보기〉
아침 운동을 하다 **+** 건강해지다
➡ 아침 운동으로 인해 건강해졌어요.

① 바람이 불다 **+** 모자가 벗겨지다

➡ _____

② 늦잠을 자다 **+** 지각을 하다

➡ _____

③ 감기에 걸리다 **+** 병원에 가다

➡ _____

④ 한국어 공부를 하다 **+** 자신감이 생기다

➡ _____

4. 일기 예보를 써 봅시다.

1) 그림을 보고 내일의 날씨를 〈보기〉와 같이 써 보세요.

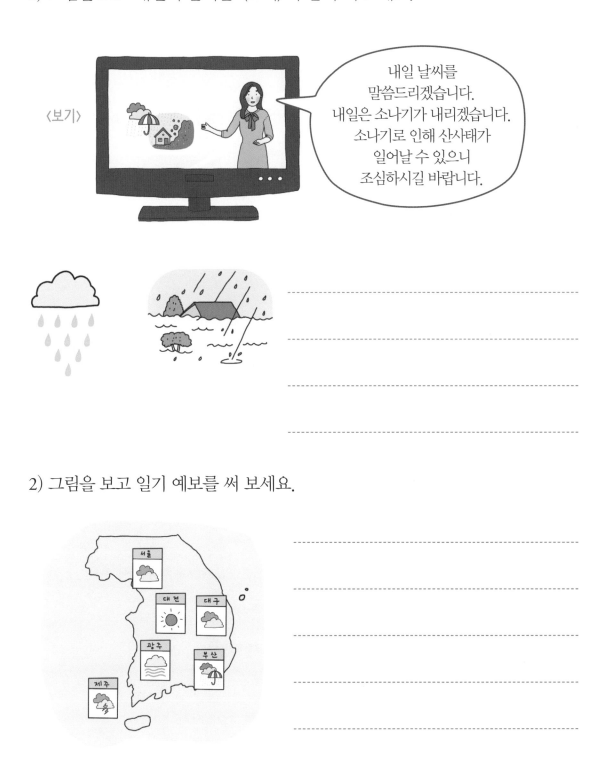

2) 그림을 보고 일기 예보를 써 보세요.

2 계절에 따른 날씨와 생활

1. 계절의 특징을 나타내는 알맞은 말을 골라 써 봅시다.

포근하다   감기 몸살에 걸리기 쉽다   건조하다   습하다

황사가 심하다   피부가 끈적이다   산불이 잘 나다   무덥다

● 더위에 쉽게 지치다

● 쌀쌀하다

2. 계절에 따른 날씨의 특징을 써 봅시다.

1) 빈칸에 알맞은 말을 써 보세요.

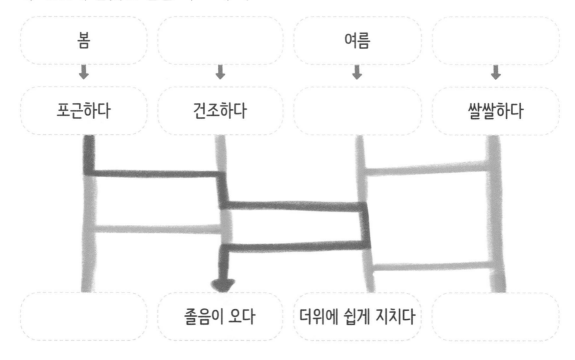

봄		여름	
포근하다	건조하다		쌀쌀하다

졸음이 오다   더위에 쉽게 지치다

2) 1)의 내용을 보면서 〈보기〉와 같이 써 보세요.

〈보기〉 봄 날씨는 포근해요. 봄 날씨가 포근할수록 졸리게 돼요.

① _____

② _____

③ _____

3. 〈보기〉와 같이 계절에 따른 날씨를 소개하는 글을 써 봅시다.

〈보기〉 여름 : 이제 곧 여름이에요. 봄에서 여름으로 갈수록 점점
무더워져요. 무더울수록 더위에 쉽게 지치게 돼요.
날씨가 무더울수록 물을 많이 마셔야 해요.

①  가을 : 이제 곧 _____ 이에요. _____ 에서
_____ 이 되면 _____ 돼요. 날씨가
건조할수록 _____ 돼요.

②  겨울 : _____
_____
_____

3 미세 먼지와 건강한 생활

1. 빈센트는 아래의 글에서 찾은 낱말을 〈보기〉와 같이 정리했습니다.
   빈칸에 알맞은 낱말을 써 봅시다.

미세 먼지 문제가 정말로 심각하다. 미세 먼지는 크기가 매우 작은 먼지를 말한다. 이 미세 먼지를 오랫동안 마시면 감기, 피부병이나 눈병과 같은 질병에 걸릴 수 있다.

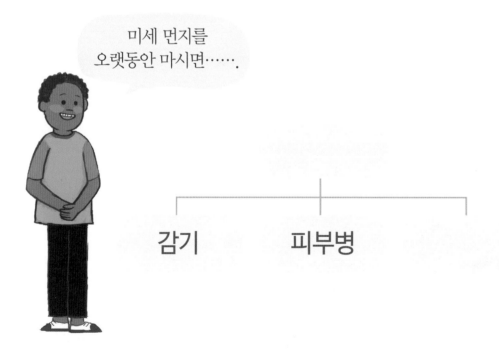

미세 먼지를
오랫동안 마시면…….

감기   피부병

2. 빈칸에 알맞은 낱말을 넣고 그림과 연결 지어 봅시다.

① 외출 후 집으로 돌아오면 깨끗하게 씻어요.

② 창문을 _____.

③ _____ 써요.

④ 도로나 공사장 주변을 _____.

⑤ 가능하면 _____ 지내요.

3. 써 봅시다.

먹다	가다	쓰다	줄이다
↓	↓	↓	↓
먹도록 하다			

돌리다	고르다	열다	공부하다
↓	↓	↓	↓

4. 〈보기〉와 같이 써 봅시다.

〈보기〉 외출 후 집으로 돌아오면 ___깨끗하게 씻도록___ 해요.
(깨끗하게 씻다)

① 가능하면 _____ 해요.
(실내에서 지내다)

② 도로나 공사장 주변을 _____ 해요.
(피하다)

③ 집이나 교실의 _____ 해요.
(창문을 닫다)

④ 바깥으로 나갈 때에는 반드시 _____ 해요.
(마스크를 쓰다)

5. 〈보기〉와 같이 써 봅시다.

여름에는 갑자기 소나기가 내릴 수 있어요. 비를 맞으면 감기 몸살에 걸리게 돼요. 그래서 흐린 날씨에는 우산을 가지고 다니도록 해요.

가을에는 --

그래서 --

----

4 여러 나라의 기후

1. 기후를 나타내는 알맞은 말을 골라 써 봅시다.

밀림이 많다   겨울이 길고 여름이 짧다   비가 매우 적게 내린다

사계절이 뚜렷하다   일 년 내내 무덥고 습하다   일 년 내내 춥다

나무가 자랄 수 없다   사막이 많다

온대 기후	
건조 기후	
냉대 기후	
한대 기후	
열대 기후	

2. 기후의 특징을 나타내는 말을 생각하며 빈칸에 알맞은 말을 써 봅시다.

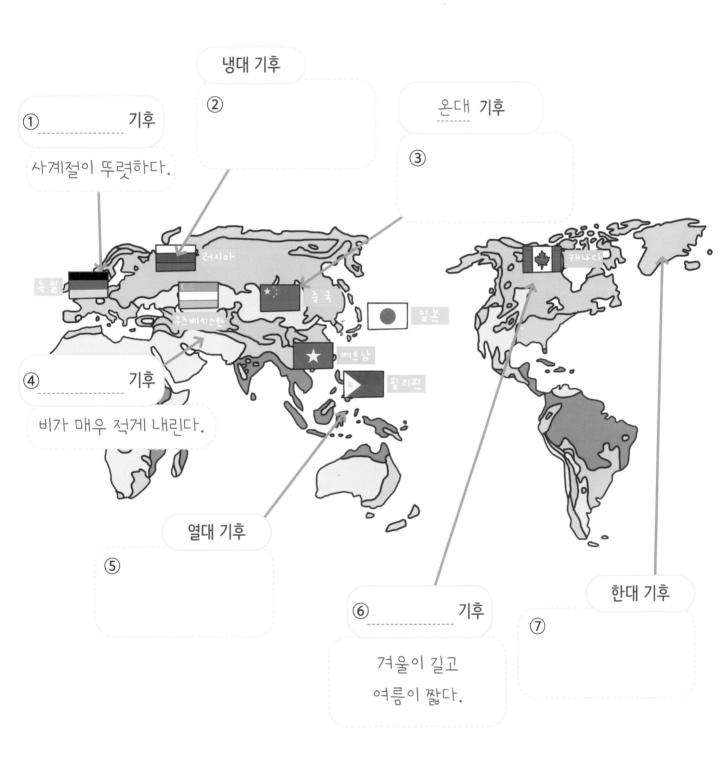

냉대 기후

① _____ 기후

사계절이 뚜렷하다.

②

온대 기후

③

④ _____ 기후

비가 매우 적게 내린다.

열대 기후

⑤

⑥ _____ 기후

겨울이 길고
여름이 짧다.

한대 기후

⑦

글씨 연습

● 글씨를 바르게 써 봅시다.

장	마	가		지	다

안	개	가		끼	다

포	근	하	다

눈	이		따	갑	다

	기	상	청	은		미	세		먼	지	로	부
터		우	리		몸	을		지	키	기		위
한		방	법	들	을		발	표	했	다	.	

사	계	절	이		뚜	렷	하	다

	태	풍	은		해	마	다		많	은		비
와		거	센		바	람	으	로		사	람	들
에	게		큰		피	해	를		준	다	.	그
런	데		태	풍	은		나	쁘	기	만		할
까	?	지	구	는		태	양	의		뜨	거	운
열	을		받	는	다	.						

2 체육 활동

1 친구와 함께 하는 운동

1. 빈칸에 알맞은 낱말을 찾아 쓰고 연결해 봅시다.

넘다   막다   뺏다   피하다   튀기다   돌리다

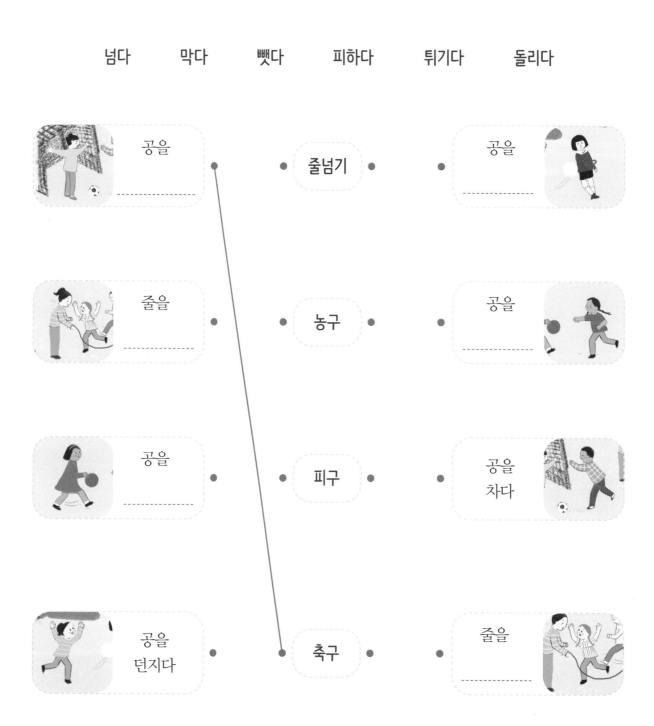

공을

줄을

공을

공을 던지다

줄넘기

농구

피구

축구

공을

공을

공을 차다

줄을

축구, 차다, 막다, 줄넘기, 돌리다, 넘다, 피구, 던지다, 피하다, 농구, 튀기다, 뺏다 —을 테니까

● 〈의사소통 한국어 4〉 36~37쪽

2. 〈보기〉와 같이 써 봅시다.

〈보기〉

이 운동의 이름은 <u>축구입니다.</u> 축구를 할 때 친구가 <u>공을 발로 차면 손으로 막아야</u> 합니다.

①

이 운동의 이름은 _____ 입니다.
줄넘기를 할 때 친구가 줄을 _____ 줄을
넘어야 합니다.

②

이 운동의 이름은 _____ 입니다.
피구를 할 때 친구가 공을 던지면 _____
_____

③

_____
_____
_____

3. 써 봅시다.

먹다	닫다	쓰다	늘리다
↓	↓	↓	↓
먹을 테니까			

듣다	고르다	열다	청소하다
↓	↓	↓	↓

4. 〈보기〉와 같이 써 봅시다.

〈보기〉

나랑 줄넘기를 하자.

내가 줄을 돌릴 테니까 <u>너는 줄을 넘을래?</u>

① _____

내가 공을 던질 테니까 _____?

② _____

_____?

③ _____

_____?

5. 〈보기〉와 같이 한 문장으로 써 봅시다.

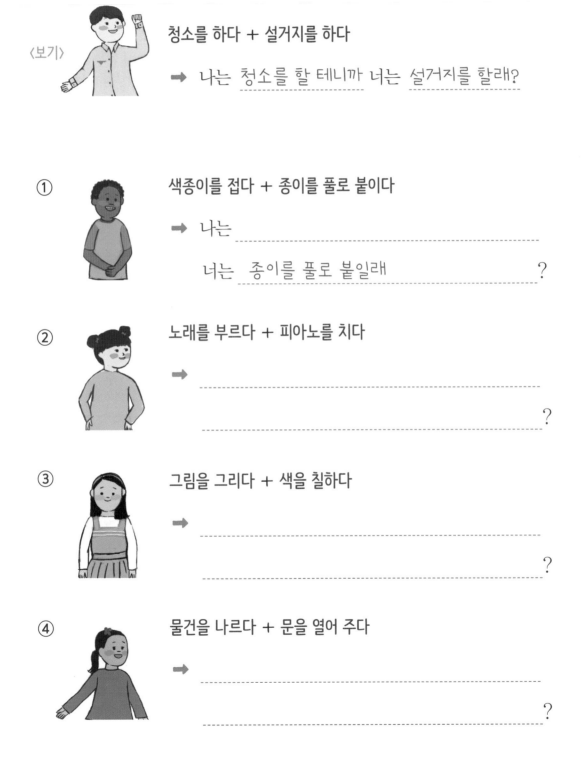

〈보기〉

청소를 하다 + 설거지를 하다

➡ 나는 청소를 할 테니까 너는 설거지를 할래?

① 색종이를 접다 + 종이를 풀로 붙이다

➡ 나는

너는 종이를 풀로 붙일래   ?

② 노래를 부르다 + 피아노를 치다

➡

?

③ 그림을 그리다 + 색을 칠하다

➡

?

④ 물건을 나르다 + 문을 열어 주다

➡

?

1. 운동회에서 무엇을 했는지 써 봅시다.

   1) 찾아서 쓰세요.

| 응원하기 | 콩 주머니 던지기 | 줄다리기 |
| 운동회 | 이어달리기 | 기마전 |

2) 그림을 보고 글자를 완성해 보세요.

① | ㅋ | ㅈ | ㅁ | ㄴ |를 던지다

② | ㄱ | ㅅ | ㅈ | ㄲ | ㅈ | 달리다

③ 줄을 | ㅈ | ㅇ | ㄷ | ㄱ | ㄷ |

④ 친구를 | ㄷ | ㅇ | ㅇ | ㄷ |

⑤ | ㅋ | ㅅ | ㄹ |로 | ㅇ | ㅇ | ㅎ | ㄷ |

청팀 이겨라!

2. 써 봅시다.

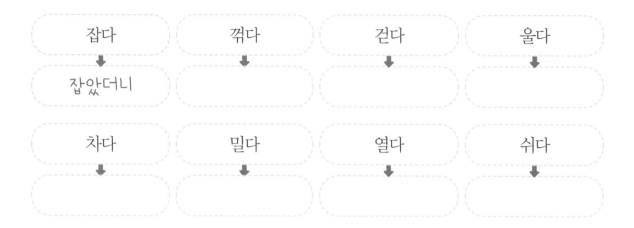

잡다	꺾다	걷다	울다
↓	↓	↓	↓
잡았더니			

차다	밀다	열다	쉬다
↓	↓	↓	↓

3. 〈보기〉와 같이 써 봅시다.

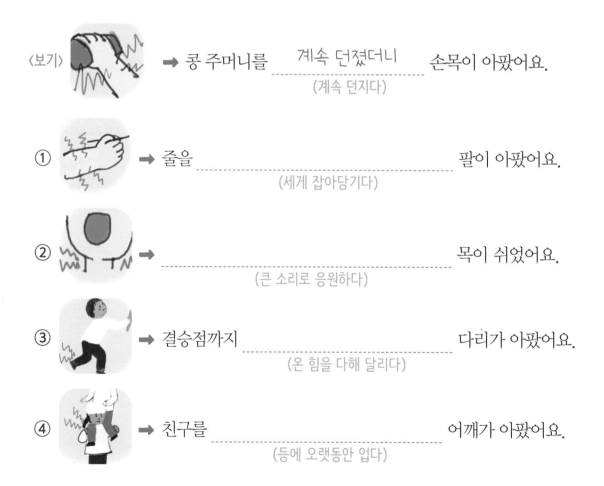

〈보기〉 ➡ 콩 주머니를 <u>계속 던졌더니</u> 손목이 아팠어요.
(계속 던지다)

① ➡ 줄을 _____ 팔이 아팠어요.
(세게 잡아당기다)

② ➡ _____ 목이 쉬었어요.
(큰 소리로 응원하다)

③ ➡ 결승점까지 _____ 다리가 아팠어요.
(온 힘을 다해 달리다)

④ ➡ 친구를 _____ 어깨가 아팠어요.
(등에 오랫동안 업다)

4. 〈보기〉와 같이 한 문장으로 써 봅시다.

〈보기〉
밥을 많이 먹다 + 배탈이 나다
➡ 밥을 많이 먹었더니 배탈이 났어요.

① 아기에게 자장가를 불러 주다 + 아기가 금방 잠이 들다

➡ 아기에게 자장가를 _____ 금방 잠이 들었어요.

② 청소를 열심히 하다 + 교실이 깨끗해지다

➡ _____ .

③ 매일 아침 공원에서 달리기를 하다 + 몸이 튼튼해지다

➡ _____ .

④ 틈틈이 말하기 연습을 하다 + 한국어 실력이 늘다

➡ _____ .

3 운동 약속

1. 빈칸에 알맞은 말을 써 봅시다.

①
- 다들 저녁 먹었어?
- 아직. 엠마는?
- 먹었지. 참 토요일 체육관에서 탁구?
- _____ 대신에 _____은 어때?
- 그럼 이번에는 탁구. 그 대신에 다음 주에는 수영하자.
- 그래.
- 좋아. 그럼 토요일에 만나.

②
- 내일 학교 마치고 시간 있어?
- 응. 무슨 일이야?
- 운동장에서 줄넘기할래?
- _____ 대신에 _____?
- 좋아. 그럼 피구 연습을 하자.
- 좋아. 그럼 내일 보자.

③
- 이번 주말에 뭐 하고 싶어?
- 나는 연극을 보고 싶어.
- _____?
- 그래. 그럼 두 시쯤 영화관 앞에서 만날까?
- 좋아. 그럼 두 시에 만나.

④
- 나랑 같이 방과 후 교실 신청하지 않을래?
- 나야 좋지. 무엇을 하고 싶어?
- 바이올린반은 어때?
- 바이올린? _____?
- 그래. 미술반도 재미있겠다. 그럼 내일 아침에 보자.

2. 〈보기〉와 같이 친구들의 대화를 써 봅시다.

〈보기〉

장위: 학교 끝나고 체육관에서 음악 줄넘기 할래?

빈센트: 음악 줄넘기 대신에 배드민턴은 어때?

장위: 좋아. 그럼 체육관에서 보자.

①

오딜:

준서:

오딜:

②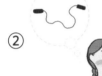

엠마:

촘푸:

엠마:

3. 친구들의 생각을 쪽지로 써 봅시다.

① 안녕, 애들아. 다음 주 일요일에 시간 되니? 일요일 오전 열 시부터 배드민턴을 치려고 해. 나랑 같이 운동장에서 운동할 사람?

● -------------------

● 시간: -------------

● 장소: -------------

자르갈

② 친구들아, 나 좀 도와줘! 자전거를 배우고 싶은데 공원에서 나랑 같이 연습할 친구가 필요해. 방과 후에 시간 있는 사람? 오후 세 시에 만나면 어떨까?

● -------------------

● 시간: -------------

● 장소: -------------

4 가족과 함께 간 등산

1. 그림이 가리키는 알맞은 말을 연결해 봅시다.

 ① •

 ② •

 ③ •

• 준비 운동을 하다

• 동생의 배낭을 메다

• 경치를 보다

2. 글을 읽고 이야기의 순서대로 번호를 써 봅시다.

1 준비 운동을 마치고 주차장을 떠나 등산로를 걷기 시작했다. 전망대에서 본 경치는 정말 멋졌다. 이제 우리 가족은 쉼터를 향해 걷기 시작했다.

2 주차장에 차를 세운 우리 가족은 주차장 옆길을 가볍게 걸으며 준비 운동을 했다.

3 나는 동생의 배낭을 대신 메고 문수사에서 주차장까지 내려왔다. 힘들었지만 동생을 도왔다는 마음에 뿌듯했다.

4 쉼터를 지나 드디어 문수사에 왔다. 그런데 동생이 발바닥이 아프다고 했다.

5 오늘은 문수산으로 등산을 가는 날이다. 우리 가족은 차를 타고 문수산 주차장에 도착했다.

3. 빈센트의 일기를 다시 읽고 빈칸에 알맞은 말을 써 봅시다.

① 전망대에서 경치를 봤다 **+** _____

➡ 전망대에서 경치를 봤더니 저 멀리 크고 긴 다리가 보였다.

② _____ **+** 다리가 아팠다

➡ 오랫동안 가파른 등산로를 걸었더니 다리가 아팠다.

③ _____ **+** 나도 모르게 잠이 왔다

➡ 등산을 마치고 차에 올라탔더니 나도 모르게 잠이 왔다.

4. 〈보기〉와 같이 써 봅시다.

〈보기〉 매일 아침 운동을 하다 **+** 건강해지다 ➡ 매일 아침 운동을 했더니 건강해졌어요.

① 늦잠을 자다 **+** 지각을 하다 ➡ _____ .

② 친구를 돕다 **+** 친구가 고맙다고 하다 ➡ _____ .

③ 밥을 굶다 **+** 배가 몹시 고프다 ➡ _____ .

④ 정신없이 달리다 **+** 넘어지다 ➡ _____ .

글씨 연습

● 글씨를 바르게 써 봅시다.

공	을		튀	기	다

잡	아	당	기	다

응	원	하	다

가	파	른		길

	내	가		뒤	에	서		잡	아		줄
테	니	까		다	시		타		볼	래	?	친
구	와		자	전	거	를		탔	어	요	.

전망대에서 경치를 봤다.

쉼터를 지나 문수사에 왔다. 동생이 발바닥이 아프다고 했다. 어린 동생에게는 힘든 등산길이었나 보다. 나도 오랫동안 걸었더니 다리가 아팠다.

3 명절과 기념일

1 설날의 모습

1. 그림이 가리키는 낱말을 쓰고 색칠해 봅시다.

떡국

그네, 널뛰기, 연, 한복, 윷놀이, 떡국, 차례를 지내다, 새해 인사, 설날
-더라

● 〈의사소통 한국어 4〉 54~55쪽

연	차	최	원	한	복
현	례	새	해	인	사
송	해	그	네	랑	세
윷	김	세	존	만	널
놀	찬	떡	국	병	뛰
이	사	경	양	화	기

2. 써 봅시다.

먹다	입다	떡국이다	차다
↓	↓	↓	↓
먹더라			

열다	듣다	열리다	친구이다
↓	↓	↓	↓

3. 〈보기〉와 같이 써 봅시다.

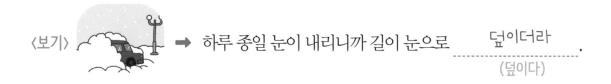

〈보기〉 ➡ 하루 종일 눈이 내리니까 길이 눈으로 _덮이더라_ .
(덮이다)

① ➡ 줄다리기에서 줄을 세게 잡아당기니 _____ .
(팔이 아프다)

② ➡ 오랫동안 소나기가 쏟아지니까 _____ .
(산사태가 나다)

③ ➡ 공원에서 자전거를 타니까 _____ .
(재미있다)

④ ➡ 설날에 공원에 가니 사람들이 _____ .
(연을 날리다)

4. 그림을 보고 〈보기〉와 같이 써 봅시다.

〈보기〉

놀이 마을

설날에 놀이 마을에서
무엇을 봤어?

놀이 마을에서 사람들이
널뛰기를 하더라.

① 놀이 마을

① 설날에 _____에서
무엇을 봤어?

_____에서 사람들이
_____를 하더라.

② 정문

② _____
_____

_____
_____

③ 민속 마을

③ _____
_____

_____
_____

④ 장터

④ _____
_____

_____
_____

1. 그림을 보고 글자를 완성해 봅시다.

①  ㅊ ㄹ 를 ㅈ ㄴ ㄷ

②  ㄱ ㅅ 을 ㅅ ㅎ ㅎ ㄷ

③  ㅅ ㅁ 를 하다

④  ㅆ ㄹ 을 하다

⑤  ㅅ ㅍ 을 ㅂ ㄷ

2. 〈의사소통 한국어 ④〉의 글을 읽고 아래의 낱말을 사용해서 물음에 답해 봅시다.

씨름	겨루다	놀이	가을

쌀가루	음식	송편	곡식	빚다

① 추석은 무슨 날이에요?

➡ _____

② 추석에는 무엇과 관련된 풍습이 있어요?

➡ _____

③ 송편은 무엇으로 어떻게 빚어요?

➡ _____

④ 씨름은 무슨 놀이인가요?

➡ _____

3. 써 봅시다.

먹다 → 먹는데

좋다 →

아프다 →

송편이다 →

살다 → 사는데

밀다 →

힘들다 →

멀다 →

4. 〈보기〉와 같이 한 문장으로 써 봅시다.

〈보기〉

추석은 가을에 수확한 곡식에 대해 감사하는 날이다
+ 추석에는 곡식으로 음식을 만들어 조상께 차례를 지낸다

➡ 추석은 가을에 수확한 곡식에 대해 감사하는 날인데
그 곡식으로 음식을 만들어 조상께 차례를 지내요.

① 유키는 내 친구이다 **+** 유키는 한국어 공부를 열심히 한다

➡ _____

_____

② 새로 담근 김치가 매우 맛있다 **+** 김치는 밥과 같이 먹을 때 더욱 맛있다

➡ _____

_____

③ 나는 어제 인사동에 놀러 갔다 ✚ 인사동에는 한국의 전통 물건들이 많이 있었다

➡ _____

_____

④ 아버지께서 사 주신 자전거는 빨간색이다 ✚ 자전거는 나의 가장 소중한 보물이다

➡ _____

_____

⑤ 이곳이 내가 태어난 고향이다 ✚ 내가 태어난 고향은 공기도 좋고 경치도 아름다운 곳이다

➡ _____

_____

5. 풍습을 소개하는 글을 써 봅시다.

추석은 한국의 큰 명절이에요. 추석에는 _____ 과/와 _____ 에

관한 풍습이 있어요. 먼저, 음식 풍습으로 추석에는 _____ .

송편은 _____ 만들어요. 그리고 놀이 풍습으로

추석에는 _____ . 씨름은 _____ 놀이예요.

기념일에 하고 싶은 일

1. 어울리는 것을 연결하고 빈칸에 알맞은 말을 써 봅시다.

체험 학습   놀이공원   집안일   기념 선물

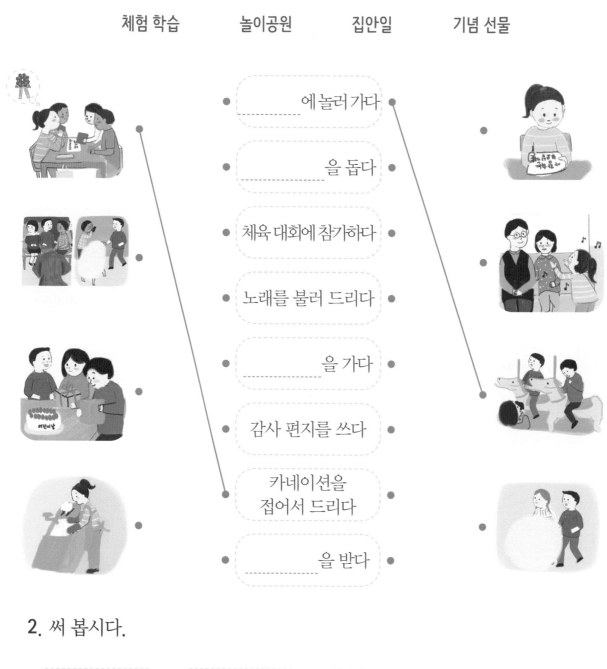

_____ 에 놀러 가다

_____ 을 돕다

체육 대회에 참가하다

노래를 불러 드리다

_____ 을 가다

감사 편지를 쓰다

카네이션을
접어서 드리다

_____ 을 받다

2. 써 봅시다.

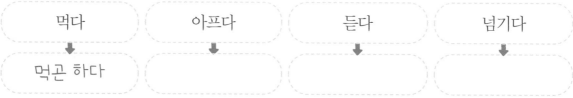

먹다   아프다   듣다   넘기다

먹곤 하다

3. 연결된 내용을 보고 〈보기〉와 같이 써 봅시다.

| 카네이션을
접어서 드리다 | 체육 대회에
참가하다 | 노래를
불러 드리다 | 기념 선물을 받다 |

| 집안일을 돕다 | 체험 학습을 가다 | 감사 편지를 쓰다 | 놀이공원에 놀러 가다 |

〈보기〉 어버이날마다 카네이션을 접어서 드리곤 했어요.
이번에는 감사 편지를 쓰고 싶어요.

① 어버이날마다 _____

_____.

② 어린이날마다 _____

_____.

4. 〈보기〉와 같이 써 봅시다.

〈보기〉 → 우리 동네는 해마다 <u>길이 눈으로 덮이곤 했다</u>.
(길이 눈으로 덮이다)

① → 우리는 운동회 마지막 순서로 언제나

_____.
(이어달리기를 하다)

② → 어릴 적 나는 동생과 스포츠 센터에서

_____.
(탁구를 치다)

1. 글을 읽고 빈칸에 알맞은 말을 써 봅시다.

1) 준서의 글을 읽고 알맞은 말을 아래에서 골라 쓰세요.

기념행사를 봤어요

태극기 그리기 체험

태극기를 그렸어요

애국가를 불렀어요

    8월 15일은 광복절이에요. 국경일을 맞이해서 오딜과 저는 광화문 광장에 갔어요. 광장에는 사람이 정말로 많았어요. 저는 광화문 광장에 설치된 체험 마당에서 ＿＿＿＿＿＿＿＿＿＿. 태극기를 그리는 데에도 여러 규칙이 있다는 점이 신기했어요. 오딜은 광화문 광장에서 ＿＿＿＿＿＿＿＿＿. 커다란 태극기가 펼쳐진 모습이 매우 인상적이었다고 했어요. 오딜과 저는 울려 퍼지는 반주에 맞춰서 ＿＿＿＿＿＿＿＿＿. 한목소리로 노래를 부르는 모습이 참 인상적이었어요.

2) 엠마의 글을 읽고 알맞은 말을 아래에서 골라 쓰세요.

　　이번 한글날에 빈센트와 함께 국립한글박물관에 다녀왔어요. 박물관은 매우 커서 볼 것도 많고 할 것도 많았어요. 우리는 이곳저곳을 다니며 _____. 한글이 어떻게 만들어졌는지를 알기 쉽게 설명한 전시물이 인상적이었어요. 빈센트는 한글 놀이터에서 _____. 사물을 낱말의 모양대로 나타내는 것이 재미있었다고 했어요. 저는 한글 배움터에 갔는데 _____. 글자들이 만나서 소리와 뜻이 생겨나는 것이 신기했어요.

글자로 이름을 만들었어요

전시물을 봤어요

한글을 예쁘게 꾸몄어요

2. 써 봅시다.

쓰다	뛰다	듣다	넘기다
↓	↓	↓	↓
썼던			

살다	떠오르다	고치다	부르다
↓	↓	↓	↓
살았던			

3. 알맞은 낱말을 찾아 〈보기〉와 같이 써 봅시다.

찾다   찍다   무덥다   다니다

〈보기〉 네가 어제 먹었던 김밥은 아무래도 상했던 것 같아.

① 이 사진을 보면 유치원에 ＿＿＿＿＿＿＿＿＿ 때가 떠오르는 것 같아.

② 어릴 적 친구와 ＿＿＿＿＿＿＿＿＿ 사진을 아직도 소중히 가지고 있어.

③ 그토록 ＿＿＿＿＿＿＿＿＿ 지갑은 아직도 어디에 있는지 모르겠어.

④ 이제 여름이 오고 있구나. 지난 여름은 참 ＿＿＿＿＿＿＿＿＿ 기억이 나.

4. 〈보기〉와 같이 써 봅시다.

〈보기〉 ➡ 광화문에서 <u>기념행사를 보았던</u> 기억이 나요.
(기념행사를 보다)

① ➡ 한글 놀이터에서 _____ 기억이 나요.
(한글을 예쁘게 꾸미다)

② ➡ 광장에서 친구와 함께 _____ 기억이 나요.
(애국가를 부르다)

③ ➡ 한글박물관에서 _____ 기억이 나요.
(전시물을 보다)

④ ➡ 한글 배움터에서 _____ 기억이 나요.
(글자로 이름을 만들다)

태극기 그리기 체험

⑤ ➡ 체험 마당에서 _____ 기억이 나요.
(태극기를 그리다)

글씨 연습

● 글씨를 바르게 써 봅시다.

차	례	를		지	내	다

수	확	하	다

윷	놀	이

곡	식

널	뛰	기

	지	난		설	날	에		민	속	촌	을	
갔	는	데		사	람	들	이		떡	국	을	
먹	더	라	.	너	도		먹	어		봤	어	?

감	사		편	지	를		쓰	곤		했	어	.

	추	석	에	는		다	양	한		풍	습	이
있	습	니	다	.	씨	름	은		두		사	람
이		서	로		힘	을		겨	루	는		놀
이	인	데		모	래	판		위	에		상	대
를		먼	저		쓰	러	뜨	리	는		쪽	이
이	깁	니	다	.								

4 모임 활동

1 우리 학교 동아리 활동

1. 알맞은 낱말을 골라 써 봅시다.

연극부　　글짓기부　　그리기부　　만들기부　　합주부　　요리부

요리부

2. 〈보기〉와 같이 써 봅시다.

〈보기〉
여러 가지 요리 방법을 배우다.
➡ 요리부에서는 여러 가지 요리 방법을 배운대요.

① ㄷㅅ ㄱㅅㅁ을 쓰다
➡ 글짓기부에서는 ＿＿＿＿＿＿＿＿＿＿＿＿＿＿＿＿.

② ㄱㅇ ㅇㅅ을 하다
➡ ＿＿＿＿＿＿＿＿＿＿＿＿＿＿＿＿＿＿＿＿＿＿.

③ ㅊㅎ으로 다양한 모양을 ㅂㄴ
➡ ＿＿＿＿＿＿＿＿＿＿＿＿＿＿＿＿＿＿＿＿＿＿.

④ ㅇㄱ를 ㅇㅈ하다
➡ ＿＿＿＿＿＿＿＿＿＿＿＿＿＿＿＿＿＿＿＿＿＿.

✏️ 동아리, 인상 깊다, 독서 감상문, 글짓기, 합주, 연극, 공연 연습,
찰흙, 대본, 악기, 재료, 다듬다 📚 -는대요, -으래요   ● 〈의사소통 한국어 4〉 72~73쪽

3. 써 봅시다.

먹다 ➡ 먹으래요	걷다 ➡	다듬다 ➡	차다 ➡
쓰다 ➡ 쓰래요	듣다 ➡	넘기다 ➡	돕다 ➡

4. 〈보기〉와 같이 빈칸에 알맞은 말을 써 봅시다.

〈보기〉 다음 주에 요리를 하려면 요리 재료를 미리 다듬어 와야 해요. ➡ 선생님께서 다음 주까지 요리 재료를 미리 다듬어 오래요.

① 내일 만들기 활동을 하려면 찰흙을 준비해야 해요. ➡

②   ➡ 선생님께서 내일 연극 연습을 하려면 대본을 미리 챙기래요.

③ 내일 악기를 연주하려면 집에서 악기를 가져와야 해요. ➡

④   ➡ 선생님께서 다음 주 동아리 활동 시간에 글짓기를 하려면 책을 미리 읽어 두래요.

1. 그림을 보고 빈칸에 알맞은 낱말을 찾아 써 봅시다.

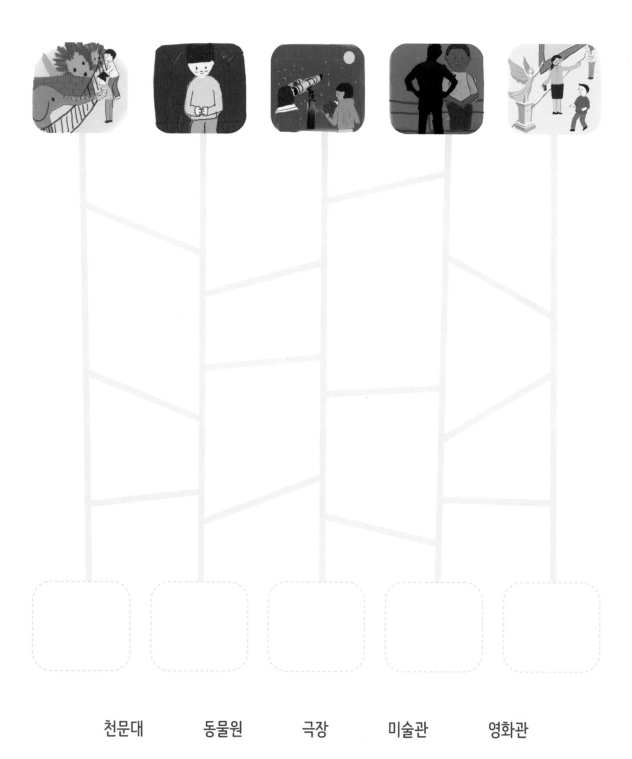

천문대　　　동물원　　　극장　　　미술관　　　영화관

2. 어울리는 것을 연결하고 빈칸에 낱말을 찾아 써 봅시다.

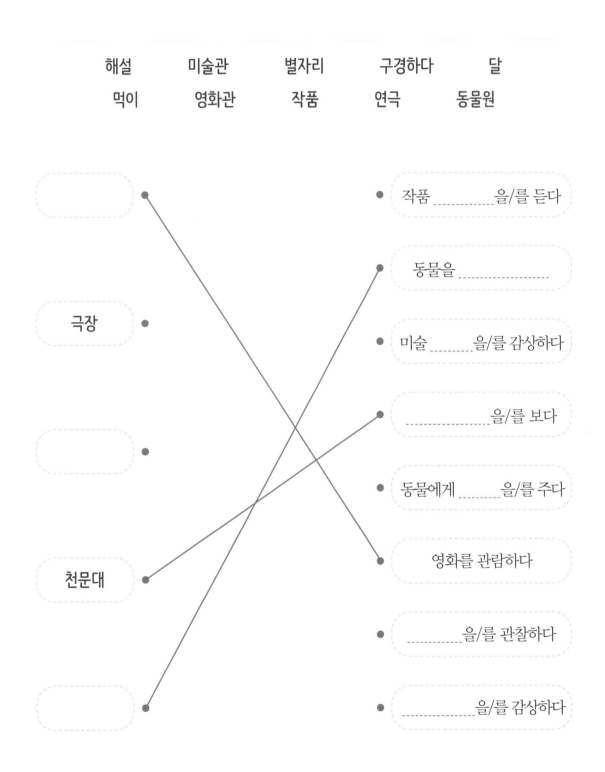

해설　　미술관　　별자리　　구경하다　　달

먹이　　영화관　　작품　　연극　　동물원

작품 ＿＿＿＿＿을/를 듣다

동물을 ＿＿＿＿＿＿

미술 ＿＿＿＿을/를 감상하다

＿＿＿＿＿＿을/를 보다

동물에게 ＿＿＿＿을/를 주다

영화를 관람하다

＿＿＿＿＿을/를 관찰하다

＿＿＿＿＿＿을/를 감상하다

극장

천문대

3. 써 봅시다.

먹다	공부하다	듣다	만들다
↓	↓	↓	↓
먹재요			

뛰다	연습하다	다듬다	돕다
↓	↓	↓	↓

4. 그림을 보고 〈보기〉와 같이 써 봅시다.

〈보기〉 나는 이번 현장 체험 학습으로 천문대에 가서 별자리를 보고 싶어요. 그런데 오딜은 미술관을 가재요. 오딜은 미술관에서 작품 해설을 듣고 싶어 해요.

내가 가고 싶은 체험 학습

친구가 가고 싶은 체험 학습

----

5. 〈보기〉와 같이 써 봅시다.

〈보기〉 ➡ 오딜이 미술관에서 <u>미술 작품을 감상하재요</u>.
(미술 작품을 감상하다)

① ➡ _____ 이/가 동물원에서 _____.
(동물에게 먹이를 주다)

② ➡ _____ 이/가 _____ 에서/서 _____.
(연극을 감상하다)

③ ➡ _____.
(천문대에서 별자리를 보다)

④ ➡ _____.
(영화관에서 영화를 관람하다)

3 봉사 활동 제안하기

1. 낱말을 골라 그림에 알맞은 말을 써 봅시다.

주물러 돕다 드리다 해 드리다

청소를 심부름을

초대하다 어깨를

할아버지를 할머니

책을 읽어 산책하다 함께

제안, 축제, 공연, 요양원, 봉사, 심부름, 보람차다, 주물러 드리다,
산책하다, 뿌듯하다   –는 게 어때요, –기는 하지만

● 〈의사소통 한국어 4〉 76~77쪽

2. 〈보기〉와 같이 써 봅시다.

〈보기〉

청소를 돕다

➡ 청소를 돕는 게 어때요?

① 심부름을 해 드리다

➡ _____ 게 어때요?

② 책을 읽어 드리다

➡ _____ ?

③ 함께 산책하다

➡ _____ ?

④ 어깨를 주물러 드리다

➡ _____ ?

⑤ 할머니, 할아버지를 초대하다

➡ _____ ?

3. 〈보기〉와 같이 문장을 바꿔 써 봅시다.

〈보기〉
요양원에서 봉사 활동을 하다

➡ 요양원에서 봉사 활동을 하는 게 어때?

① 현장 체험 학습으로 동물원에 가다

➡ _____ 게 어때?

② 글짓기부에서 독서 감상문을 쓰다

➡ _____ ?

③ 뜨거운 물에 얼음을 넣어 차갑게 식히다

➡ _____ ?

④ 아침에 일어나자마자 병원에 들르다

➡ _____ ?

⑤ 방학 동안 외할머니 댁에 머물다

➡ _____ ?

4. ⟨보기⟩와 같이 빈칸에 알맞은 말을 써 봅시다.

⟨보기⟩

한 시간 동안 청소를 도왔더니 피곤했어요.
하지만 기분은 좋았어요.

→ 한 시간 동안 청소를 도왔더니 피곤했지만
기분은 좋았어요.

①

여러 어르신들의 심부름을 해 드렸더니 힘들었어요.
하지만 재미있었어요.

→ _____.

②

큰 목소리로 책을 읽어 드렸더니 목이 아팠어요.
하지만 보람찼어요.

→ _____.

③

어르신들과 함께 산책을 하고 나니 피곤했어요.
_____ 기분은 좋았어요.

→ _____.

④

_____

→ 할머니, 할아버지의 어깨를 주물러 드렸더니
팔이 아팠지만 마음은 뿌듯했어요.

4 모둠 역할 정하기

1. 알맞은 말을 골라 써 봅시다.

가정 통신문	준비물	규칙	발표하다
검사하다	발표	안내하다	순서

친구의 _____ 을/를 적다 •

• 지킴이 •

• _____ 을/를 나누어 주다

청소를 잘했는지 _____ •

• 기록이 •

• 학습 _____ 을/를 거두다

학급 _____ 을/를 알려 주다 •

• 이끔이 •

• 적은 내용을 _____

말하는 _____ 을/를 정하다 •

• 나눔이 •

• 활동 방법을 _____

2. 1의 내용을 보고 〈보기〉와 같이 써 봅시다.

〈보기〉 기록이 ➡ 적은 내용을 발표하기 위해서 기록이가 필요해요.

① 지킴이 ➡ _____ .

② 이끔이 ➡ _____ .

③ 나눔이 ➡ _____ .

3. 써 봅시다.

가다	읽다	듣다	만들다
⬇	⬇	⬇	⬇
가기 위해서			

공부하다	던지다	챙기다	돕다
⬇	⬇	⬇	⬇

4. 〈보기〉와 같이 한 문장으로 써 봅시다.

〈보기〉

점심을 먹다 + 식당으로 가다

➡ 점심을 먹기 위해서 식당으로 가요.

① 좀 더 건강해지다 + 매일같이 운동을 하다

➡ _____

② 주말에 친구와 놀다 + 남은 숙제를 하다

➡ _____

③ 필요한 돈을 찾다 + 은행을 방문하다

➡ _____

④ 친구의 생일 선물을 사다 + 열심히 용돈을 모으다

➡ _____

5. 다음 글을 읽고 빈칸에 알맞은 속담을 써 봅시다.

청소 시간이었어요. 복도 청소 당번인 장위가 혼자서 복도를 청소하고 있었어요.

친구들이 장위에게 다가와서 말했어요.

"도와줄게. 같이 청소하자."

"괜찮아. 내가 할 일인걸."이라고 장위가 말했어요.

" '_____.' 고 하잖아.

다 같이 하면 금방 끝낼 수 있을 거야."라고 빗자루를 꺼내며 친구들이 말했어요.

"정말 고마워. 나도 나중에 도와줄게."라고 장위가 웃으며 말했어요.

글씨 연습

● 글씨를 바르게 써 봅시다.

별	자	리

작	품	해	설

관	람

독	서	감	상	문

글	짓	기	부

	요	리	부	에		들	어	가	면		여	러
가	지		요	리		방	법	을		배	운	대.
엠	마	는		미	술	관	으	로		가	재	.

청	소	를		돕	는		게		어	때	요	?

	지	난		주	말	에	는		가	까	운	
동	네	의		요	양	원	에		봉	사		활
동	을		갔	어	요	.		요	양	원	에	계
신		할	머	니	,	할	아	버	지	께		책
을		읽	어		드	리	고		노	래	도	
불	러		드	렸	어	요	.					

5 친구 관계

1 처음 만난 친구

1. 기분을 나타내는 말을 찾아 색칠하고 써 봅시다.

쑥	인	절	먹	장	난	어
파	스	미	뛰	당	치	리
리	산	럽	휘	황	다	둥
불	안	하	다	스	미	살
날	리	면	성	럽	안	라
억	창	피	하	다	정	줄

① _____

② _____

③ _____

④ _____

2. 〈보기〉와 같이 써 봅시다.

〈보기〉　　처음 우리 학교에 전학 왔을 때는 좀 <u>불안했어요</u>.

① 친구들이 내 이름을 이상하게 발음해서 _____.

② 많은 친구들 앞에서 발표할 때 _____.

③ 나만 준비물을 안 가져왔을 때 _____.

④ 친구들이 내가 한국말을 잘한다고 칭찬해 주면 _____.

3. 써 봅시다.

먹다 ➡ 먹을까 봐	늦다 ➡	듣다 ➡	춥다 ➡
틀리다 ➡ 틀릴까 봐	보다 ➡	아프다 ➡	달다 ➡

4. 〈보기〉와 같이 두 문장을 연결하고 써 봅시다.

〈보기〉 한국어 발음을 틀리다 **+** 불안하다 ➡ 한국어 발음을 틀릴까 봐 불안했어요.

① 집에 갈 때 길을 잃다 **+** 걱정되다

➡ _____

② 내가 실수하는 것을 친구들이 보다 **+** 창피하다

➡ _____

③ 높은 곳에 올라가면 떨어지다 **+** 무섭다

➡ _____

5. 틀린 것을 고쳐 써 봅시다.

제가 처음에 우리 학교에 전학 왔을 때는 한국어를 잘 못했어요. 그래서 친구들하고 잘 어울리지 않았어요. 한국어 발음을 틀리까 봐 부끄럽윘거든요. 그런데 지금은 한국말도 잘하게 됐고, 친구들하고도 잘 지내요.

➡

1. 알맞은 낱말을 골라 써 봅시다.

감동했어요　　　불안했어요　　　든든했어요　　　감격했어요　　　놀랐어요

① 오늘은 제 생일이에요. 점심시간에 친구들이 생일 선물을 주고

　　노래도 불러 줘서 _____ .

② 저는 숙제하다가 모르는 것이 있으면 항상 언니한테 물어봐요.

　　언니가 있어서 참 _____ .

③ 수업 후에 언제나 엄마가 저를 데리러 오세요.

　　그런데 오늘은 아빠가 오셔서 조금 _____ .

④ 전학 온 날 많은 친구들이 저를 도와줘서 정말 _____ .

　　그래서 집에 오면서 눈물이 났어요.

2. 문장을 연결한 후 〈보기〉와 같이 써 봅시다.

① 준서가 우산을 빌려주다 ● ——————— ● 숙제를 다 하다

② 친구들이 같이 찾아 주다 ● ● 비를 안 맞다

③ 서영이가 숙제를 도와주다 ● ● 잃어버린 알림장을 찾다

④ 아빠가 데려다주시다 ● ● 학교에 지각하지 않다

〈보기〉

① 준서가 우산을 빌려준 덕분에 비를 안 맞았어요.

②

③

④

3. 써 봅시다.

먹다	읽다	찾다	듣다
↓	↓	↓	↓
먹는 덕분에/먹은 덕분에			

보다	가다	공부하다	살다
↓	↓	↓	↓
보는 덕분에/본 덕분에			

4. 〈보기〉와 같이 써 봅시다.

〈보기〉

가: 오딜, 지난번에 준비물은 잘 챙겼어?

나: 네가 전화해 준 덕분에 잊지 않고 잘 챙겼어. 고마워.
　　　　　　　　(네가 전화해 주다)

가: 그랬구나. 잘됐어.

① 가: 장위야, 어제 잃어버린 필통 찾았어?

　　나: _____. 고마워.
　　　　　　　(타이선이 종일 같이 찾아 주다)

　　가: 그랬구나. 잘됐어.

② 가: 다니엘, 어제 수업 끝나고 새로 이사한 집에 잘 찾아갔어?

　　나: _____.
　　　　　　　(네가 자세하게 약도를 잘 그려 주다)

　　가: _____.

5. 친구에게 쓴 편지를 완성해 봅시다.

타이선에게

어제 네가 잃어버린 필통을 ------------------------------------

-- 잘 찾았어.

그때 정말 감동했어. 고마워.

너의 친구 장위로부터

엠마에게

어제 네가 ------------------------------------

-- 집에 잘 찾아갔어.

그때 정말 든든했어. 고마워.

너의 친구 다니엘로부터

1. 알맞은 말을 골라 써 봅시다.

숙제를 하다	친구와 수다를 떨다	동생을 달래다
놀이터에서 놀다	심부름을 하다	잃어버린 물건을 찾다

2. 〈보기〉와 같이 써 봅시다.

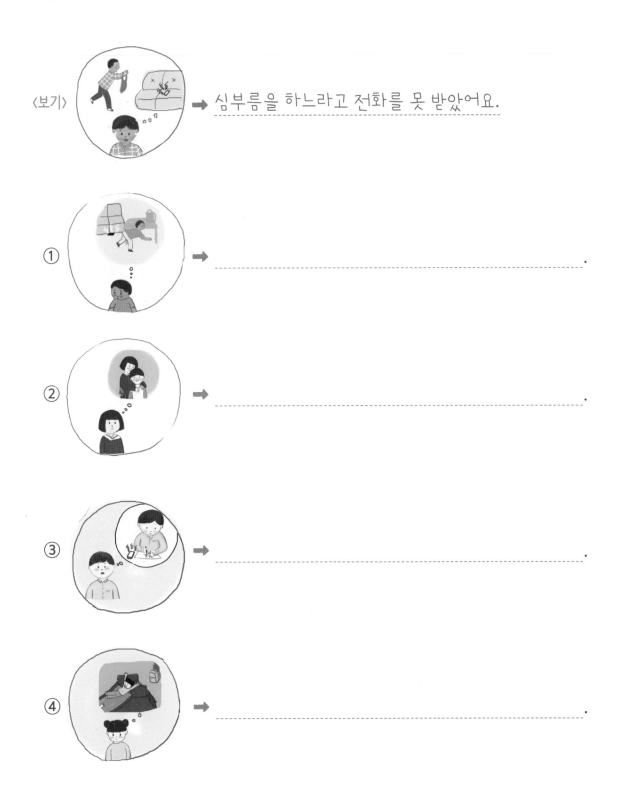

〈보기〉 ➡ 심부름을 하느라고 전화를 못 받았어요.

① ➡ _____.

② ➡ _____.

③ ➡ _____.

④ ➡ _____.

3. 〈보기〉와 같이 써 봅시다.

〈보기〉

가: 어제 무슨 일이 있었어? 왜 전화를 안 받았어?

나: 심부름을 하느라고 전화를 못 받았어요.

(심부름을 하다)

숙제.

① 가: 내가 빌려준 책 다 읽었어?

나: 미안해. _____.

(요즘 숙제가 많아서 숙제를 하다)

② 가: 세 번이나 불렀는데 왜 대답을 안 해?

나: 미안해. _____.

(이어폰을 끼고 음악을 듣다)

소풍 가서 뭐 할까?

③ 가: 내일 소풍 가려면 일찍 일어나야 하는데 왜 아직도 안 자고 있니?

나: _____.

(소풍 가서 뭐 할까 생각하다)

서영이 생일 선물?

④ 가: 서영이 생일 선물 준비했어?

나: 아니, _____.

(뭘 살지 고민하다)

4. 준서의 편지를 완성해 봅시다.

서영이에게

서영아, 어제 전화를 못 받아서 미안해. 그때 집에 사촌 형이

놀러 와서 같이 ① ------------------------------- 전화를 못 받았어.

그리고 아까도 전화를 못 받아서 미안해. 아까는 엄마가 주신

과일을 ② ----------------------- 전화가 온 줄 몰랐어. 그런데 너는 오늘

숙제 다 했니? 나는 ③ ----------------------------- 아직 시작도 못 했어.

1. 알맞은 말을 써 봅시다.

① 이번에도 내가 던질게.

_____

② 우리 주말 약속 잊지 않았지?

_____

③ 식판을 들 수 있겠어?

_____

④ 너도 한번 넣어 볼래?

_____

⑤ 오늘 수업 끝나고 운동장에서 축구할래?

_____

2. 알맞은 것을 골라 대화를 완성해 봅시다.

번갈아 하자   다음으로 미루면 어때   대신해 줄까

숙제를 하자   시범을 보여 주세요

① 가: 발뒤꿈치를 먼저 땅에 닿게 하는 것이 바르게 걷는 자세예요.

　　나: 선생님, _____ .

② 가: 내 게임이 다 끝난 다음에 네가 해.

　　나: 그러지 말고 한 사람씩 _____ .

③ 가: 팔을 다쳐서 식판을 들기가 어려운데 어떡하지?

　　나: 내가 _____ ?

✏️ 번갈아 하다, 다음으로 미루다, 약속을 다시 정하다, 대신해 주다,
시범을 보여 주다 📖 -으면 안 될까?

● 〈의사소통 한국어 4〉 96~97쪽

3. 〈보기〉와 같이 써 봅시다.

〈보기〉 게임을 번갈아 하자. ➡ 게임을 번갈아 하면 안 될까?

① 이번에는 내가 보고 싶은 만화를 볼래.

➡ _____?

② 지나가게 좀 비켜 줘.

➡ _____?

③ 가방이 너무 무거운데 좀 들어 줄래?

➡ _____?

④ 내가 그날 시간이 안 될 것 같은데 약속을 다시 정하자.

➡ _____?

⑤ 오늘 간식은 다른 것을 먹어 보자.

➡ _____?

4. 대화를 완성해 봅시다.

① 오늘 점심시간에는 뭐 하고 놀까?

오늘도 숨바꼭질하자.

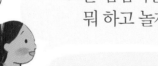

② 누가 술래 할래?

글씨 연습

● 글씨를 바르게 써 봅시다.

심	부	름	을		하	다

당	황	스	럽	다

감	동	하	다

번	갈	아		하	다

	제	가		처	음	에		우	리		학	교
에		전	학		왔	을		때	는		좀	
불	안	했	어	요	.							

동	생	을		달	래	다

놀	라	다

	서	영	이	에	게				
	지	난	번		알	림	장	을		쓸	때
도	와	줘	서		고	마	워	.	한	국	어	가
익	숙	하	지		않	았	는	데	,	네	가
알	기		쉽	게		설	명	해		준		덕
분	에		쉽	게		이	해	했	어	.

6 실수와 후회

1 학교에서의 실수

1. 그림을 보고 알맞은 말을 골라 써 봅시다.

물을 엎지르다   배턴을 놓치다   친구와 부딪치다   헛발질을 하다   넘어지다

① _____

② _____

③ _____

④ _____

⑤ _____

2. 알맞은 말을 골라 써 봅시다.

길을 잃었어요   창문을 깨뜨렸어요   친구와 부딪쳤어요
돌부리에 발이 걸렸어요   헛발질을 했어요   전화기를 고장 냈어요

① 다른 교실에 친구를 만나러 가다가 복도에서 _____.

② 야구를 하다가 공을 잘못 던져서 _____.

③ 바닥의 돌을 못 보고 빨리 걷다가 _____.

④ 공을 찰 때 공에 발이 미끄러져서 _____.

⑤ 급하게 뛰어가다가 친구를 못 보고 _____.

물을 엎지르다, 길을 잃다, 배턴을 놓치다, 창문을 깨뜨리다, 넘어지다,
헛발질을 하다, 돌부리에 발이 걸리다, 친구와 부딪치다 –고 말다   ● 〈의사소통 한국어 4〉 108~109쪽

3. 알맞은 것을 연결하고 문장을 만들어 봅시다.

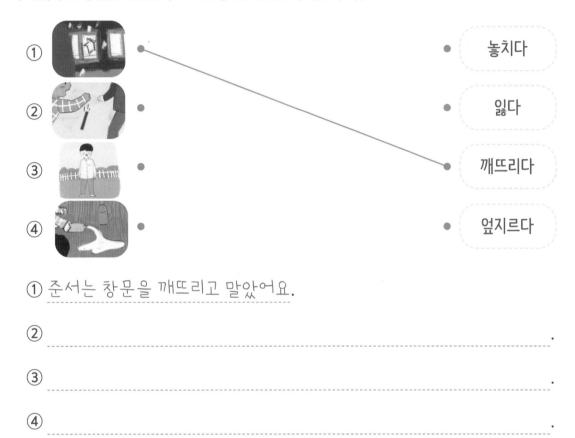

① 놓치다

② 잃다

③ 깨뜨리다

④ 엎지르다

① 준서는 창문을 깨뜨리고 말았어요.

② _____.

③ _____.

④ _____.

4. 여러분도 실수한 적이 있어요? 실수한 일을 〈보기〉와 같이 써 봅시다.

〈보기〉
저는 달리기를 하다가 넘어졌어요.
앞 친구보다 빨리 가고 싶어서
빨리 뛰었는데, 갑자기 몸이 앞으로
기울어졌어요. 그래서 넘어지고 말았어요.
열심히 뛰었는데 아쉬웠어요.

저는 오늘 복도에서 _____.
신발 끈이 풀려서 다시 묶고 일어났는데,
마침 맞은편에서 친구가 오고 있었어요.
앞에 오는 친구를 못 봐서 _____
_____.

2 교실에서의 실수

1. 알맞은 것을 연결하고 써 봅시다.

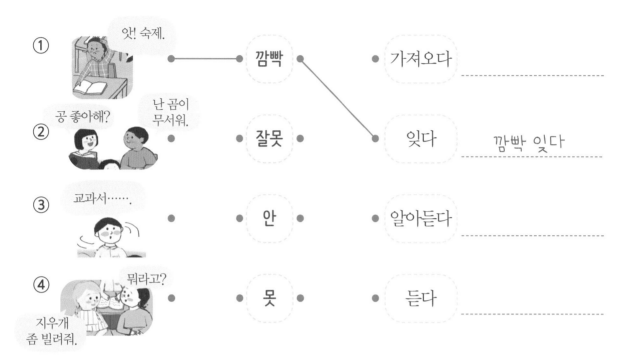

2. 〈보기〉와 같이 써 봅시다.

〈보기〉 교과서를 잘못 가져왔어요. ➡ 교과서를 잘못 가져왔구나.

① 실내화를 잃어버렸어요. ➡ _____.

② 친구의 생일을 깜빡 잊었어요. ➡ _____.

③ 선생님 말씀을 못 들었어요. ➡ _____.

④ 준비물을 안 가져왔어요. ➡ _____.

⑤ 알림장의 글씨를 잘못 봤어요. ➡ _____.

3. 그림을 보고 〈보기〉와 같이 써 봅시다.

〈보기〉

가: 공 좋아해?

나: 난 곰이 무서워.

가: 내 말을 <u>잘못 알아들었구나</u>.

① 가: 이런, 실수로 과학 교과서를 가져왔어.

나: 그래? 교과서를 _____.

② 가: 지우개 좀 빌려줘.

나: 뭐라고?

가: 내 말을 _____.

③ 가: 아빠 가방에 들어가셨다?

나: 아니야, _____.

가: 아! '아빠가 방에 들어가셨다.'라고 읽어야 하네.

4. 다음 글을 읽고 빈칸에 알맞은 말을 써 봅시다.

가: 이번 주에 학교에서 실수를 너무 많이 했어.

나: 어떤 실수를 했는데?

가: 선생님 말씀을 ① _____ 알아듣고 엉뚱한 숙제를 했어.

나: 아, 선생님 말씀을 ② _____.

가: 그리고 준비물도 ③ _____ 잊고 못 챙겼어.

나: 그래? 그래서 미술 시간에 표정이 ④ _____.

1. 집으로 가는 길을 찾아 가 봅시다.

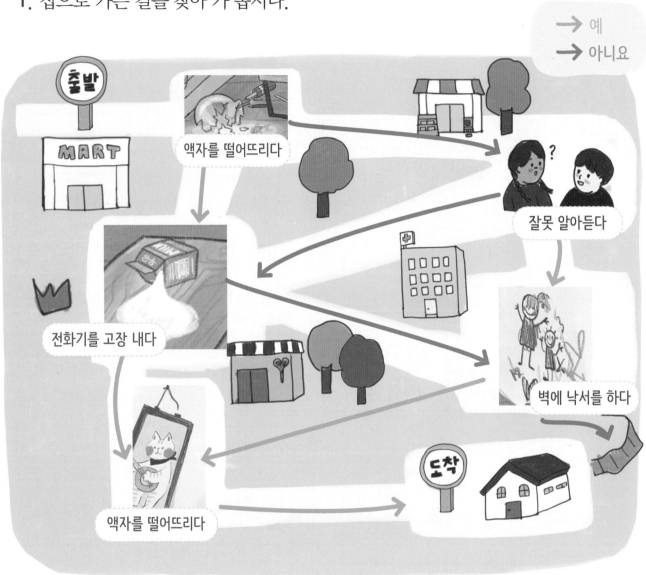

→ 예
→ 아니요

출발

MART

액자를 떨어뜨리다

잘못 알아듣다

전화기를 고장 내다

벽에 낙서를 하다

액자를 떨어뜨리다

도착

2. 써 봅시다.

먹다 ➡ 먹을걸	읽다 ➡	찾다 ➡	듣다 ➡
가다 ➡ 갈걸	보다 ➡	공부하다 ➡	만들다 ➡

3. 〈보기〉와 같이 써 봅시다.

③ 장난감을 늘어놓고
안 치웠어?
(장난감을 치우다)

④ 전화기를 고장 냈니?
(전화기를 떨어뜨리지 말다)

② 어항은 왜 깨뜨렸어?
(물고기를 꺼내지 말다)

⑤ 액자도 떨어뜨렸니?
(액자를 건드리지 말다)

① 쿠션을 망가뜨렸구나.
(쿠션을 던지지 말다)

⑥ 우유도 쏟았구나!
(우유 잔을 조심하다)

① 쿠션을 던지지 말걸.

② 물고기를   .

③   .

④   .

⑤   .

⑥   .

4. 알맞은 것을 골라 〈보기〉와 같이 대화를 완성해 봅시다.

앞을 보고 걷다   조금 참다   떠들지 말다   어젯밤에 일찍 자다

〈보기〉
가: 무슨 일 있어?
나: 수업 시간에 떠들다가 선생님한테 혼났어. 떠들지 말걸.

① 가: 오늘 왜 지각했어?
나: 아침에 늦게 일어났어.   .

② 가: 왜 그래? 표정이 안 좋네.
나: 화가 나서 동생한테 소리를 질렀어.   .

③ 가: 괜찮아? 어디 다친 데 없어?
나: 다른 곳을 보고 걷다가 넘어졌어.   .

친구와 사이좋게 지내기

1. 알맞은 말을 골라 써 봅시다.

양보하다   사과하다   놀리다   화내다   길을 잃다
친구 말을 잘 들어주다   잘 도와주다   잘못 보다

미안해.

① _____   ② _____   ③ _____

먼저 먹어.

④ _____   ⑤ _____   ⑥ _____

2. 〈보기〉와 같이 써 봅시다.

〈보기〉 도움이 필요한 친구를 도와주다 ➡ 도움이 필요한 친구를 도와줘야지.

① 오늘은 잊지 말고 숙제를 하다 ➡ _____.

② 앞으로는 부모님 말씀을 잘 듣다 ➡ _____.

③ 다음부터는 아플 때 약을 잘 먹다 ➡ _____.

④ 앞으로는 쓰레기를 길에 버리지 말다 ➡ _____.

⑤ 이제부터는 친구와 사이좋게 지내다 ➡ _____.

3. 알맞은 말을 골라 써 봅시다.

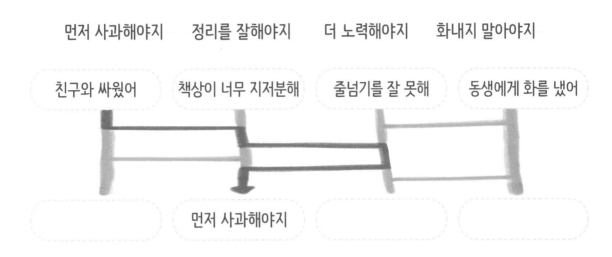

| 먼저 사과해야지 | 정리를 잘해야지 | 더 노력해야지 | 화내지 말아야지 |

| 친구와 싸웠어 | 책상이 너무 지저분해 | 줄넘기를 잘 못해 | 동생에게 화를 냈어 |

먼저 사과해야지

4. 다음을 잘 읽고 질문에 답해 봅시다.

서영: 준서야, 엠마가 나한테 화가 난 것 같아.

준서: 왜 둘이 싸웠어?

서영: 아까 실수로 엠마 책을 찢었거든.

준서: 그랬구나. 엠마한테 사과는 했어?

서영: 그게……. 너무 당황해서 사과도 못하고 말았어.

준서: 그런 일이 있을 때는 바로 사과하는 게 좋아.

서영: 그래, 맞아. 다음부터는 바로 사과해야지.

1) 엠마는 왜 화가 났어요?

서영이가 실수로 _____ .

2) 서영이는 왜 엠마에게 사과를 못했어요?

① 당황해서　　　　② 시간이 없어서　　　　③ 화가 나서

3) 서영이는 어떻게 다짐했어요?

'다음부터는 바로 _____ .'라고 다짐했어요.

글씨 연습

● 글씨를 바르게 써 봅시다.

달	력	을		찢	다

우	유	를		쏟	다

잃	어	버	리	다

깜	빡		잊	다

	"벽	에		낙	서	를		했	어	?"	
오	딜	은		후	회	했	어	요	.	스	케
치	북	에		그	림	을		그	릴	걸	.

양	보	하	다

사	과	하	다

놀	리	다

	오	딜	은		오	늘		친	구	들	과
집	에	서		즐	겁	게		놀	았	어	요	.
스	케	치	북		대	신	에		달	력	을
찢	어	서		거	기	에		그	림	을		그
렸	어	요	.	벽	에	도		그	림	을		그
렸	어	요	.								

7 인물

1 광화문 광장의 위인들

1. 어울리는 것을 연결한 후 써 봅시다.

① 전쟁 ——— 준비하다   전쟁을 준비하다

② 물시계 •   • 만들다   _____

③ 거북선 •   • 발명하다   _____

④ 한글 •   • 제작하다   _____

⑤ 전쟁 •   • 싸우다   _____

2. 빈칸에 알맞은 말을 써 봅시다.

물시계를 발명하셨어요   준비하셨어요   백성을 위해

나라를 위해 거북선을 만드셨어요

① 이순신 장군은 백성을 위해 전쟁을 _____.

② 세종대왕은 _____ 한글을 만드셨어요.

③ 이순신 장군은 _____.

④ 세종대왕은 백성을 위해 _____.

✏️ 물시계를 발명하다, 법전을 만들다, 전쟁에서 싸우다, 전쟁을 대비하다,

한글을 창제하다, 거북선을 제작하다 📖 −을 위해   ● 〈의사소통 한국어 4〉 126~127쪽

3. 〈보기〉와 같이 써 봅시다.

〈보기〉

부모님이 교통정리를 해 주시다/우리

➡ 부모님이 우리를 위해 교통정리를 해 주세요.

① 영양사 선생님이 맛있는 점심을 준비해 주시다/학생들

➡ _____

② 엄마가 매일 맛있는 간식을 주시다/나

➡ _____

③ 내가 생일 선물을 준비하다/동생

➡ _____

④ 친구들이 편지를 쓰다/경찰 아저씨

➡ _____

4. 빈칸에 알맞은 말을 써 봅시다.

엄마, 매일 저 _____
맛있는 간식을 만들어 주셔서 감사합니다.
맛있게 먹고 _____ .
_____
                            준서 드림

경찰 아저씨, 매일 _____
교통정리를 해 주셔서 감사합니다. 아저
씨께서 매일 교통정리를 해 주신 덕분에
저희가 _____
_____
                            장위 드림

2 위인전 속 위인들

1. 알맞은 것을 연결해 봅시다.

① 마더 테레사 •   • 환자 •   • 발명하다

② 스티븐 호킹 •   • 가난한 사람 •   • 간호하다

③ 에디슨 •   • 우주 •   • 작곡하다

④ 나이팅게일 •   • 훌륭한 음악 •   • 돕다

⑤ 베토벤 •   • 전구 •   • 연구하다

2. 알맞은 낱말을 골라 써 봅시다.

도와요   작곡했어요   발명해서   연구하고   간호해

① 준서는 별을 보며 생각했어요. '나중에 커서 우주를 _____ 싶어.'

② 라이트 형제가 비행기를 _____ 먼 나라에 여행 갈 수 있게 되었어요.

③ 내가 아플 때 엄마는 언제나 나를 정성껏 _____ 주세요.

④ 엠마는 언제나 도움이 필요한 친구들을 _____ .

⑤ 그 가수는 좋은 노래를 많이 _____ .

3. 〈보기〉와 같이 써 봅시다.

〈보기〉

의사 선생님/아픈 곳이 낫다

➡ 의사 선생님은 아픈 곳이 낫게 했어요.

① 경찰 아저씨/차를 막고 우리가 안전하게 길을 건너다

➡ _____

② 베토벤/우리가 아름다운 음악을 감상하다

➡ _____

③ 세종대왕/우리가 쉽게 글자를 사용하다

➡ _____

④ 마더 테레사/많은 사람들이 굶지 않다

➡ _____

⑤ 이순신 장군/나라를 지켜서 백성들이 안전하게 살다

➡ _____

4. 다니엘의 독후 감상문을 완성해 봅시다.

오늘은 에디슨에 대한 책을 읽었어요. 에디슨은 미국의 발명가인데, 아주 많은
물건을 발명했어요. 에디슨은 전구를 ① _____. 그래서 우리가 밤에도
② _____. 그리고 축음기를 발명해서 집에서도
음악을 ③ _____. 또 우리가 영화를 볼 수 있는 것은
에디슨이 영화 촬영기를 발명했기 때문이에요. 에디슨은 이렇게 우리가 편리하고
재미있게 ④ _____.

1. 같은 색깔 단추를 골라 써 봅시다.

① _____

② _____

③ _____

④ _____

2. 알맞은 말을 골라 써 봅시다.

축음기를 발명해서	간호 학교를 세워서
오페라를 작곡해서	고아를 돌보았어요

① 나이팅게일은 _____ 간호사를 교육했어요.

② 베토벤은 아름다운 _____ 사람들에게 감동을 줬어요.

③ 마더 테레사는 부모를 잃은 _____.

④ 에디슨이 _____ 사람들이 공연장에 가지 않고도 음악을

들을 수 있게 되었어요.

3. 〈보기〉와 같이 써 봅시다.

〈보기〉 스티븐 호킹 박사는 <u>블랙홀의 비밀을 밝혔을 뿐</u> 아니라 우주의 역사를 연구했어요.
　　　　　　　　　　　(블랙홀의 비밀을 밝히다)

① 스필버그는 _____ 어른을 위한 영화도 만들었어요.
　　　　　　(어린이를 위한 영화를 만들다)

② 슈바이처 박사는 아프리카에서 _____
　　　　　　　　　　　　　　　　(의료 봉사를 한 훌륭한 의사이다)

　 재능 있는 오르간 연주자이기도 했다.

③ 유관순은 _____ 독립 운동에도 적극적으로 참여했다.
　　　　　(공부를 열심히 하다)

④ 코코 샤넬은 _____ 활동하기 편한 옷을 만들었다.
　　　　　　(아름답고 독특하다)

⑤ 케네디 대통령은 _____ 훌륭한 정치가였다.
　　　　　　(뛰어난 연설가이다)

4. 빈칸에 알맞은 말을 써 봅시다.

준서: 오딜, 너는 존경하는 사람이 누구야?

오딜: 나는 에디슨을 존경해. 에디슨은 ① _____
　　　뿐 아니라 전화기도 발명했어. 정말 대단해. 준서 너는?

준서: 나는 베토벤을 존경해. 베토벤은 ② _____
　　　_____ 오페라도 만들었어.

오딜: 엠마는 나이팅게일을 존경한다고 했지?

엠마: 맞아. 나이팅게일은 ③ _____

　　　_____.

　　　그리고 유키는 마더 테레사를 존경한다고 했는데, 마더 테레사는

　　　④ _____.

4 존경하는 이웃

1. 성격을 나타내는 말을 찾아 색칠하고 써 봅시다.

성	차	최	원	현	연	복
현	실	장	정	이	많	다
송	해	하	그	랑	네	세
웇	김	인	다	존	만	뛰
놀	찬	사	말	국	병	널
책	임	감	이	강	하	다

① ------------------------------

----

② ------------------------------

----

③ ------------------------------

----

2. 알맞은 말을 골라 써 봅시다.

성실하다　　　　책임감이 강하다　　　　정이 많다

① 어떤 일을 마음을 다해서 열심히 해요.

② 누구를 사랑하거나 친하게 생각하는
　마음이 많아요.

③ 자기가 하는 일을 중요하게 생각하고
　끝까지 열심히 해요.

3. 〈보기〉와 같이 써 봅시다.

〈보기〉

아주머니는 비가 오거나 눈이 오거나 상관없이 매일 우유를 배달하신다.

➡ 아주머니는 비가 오든지 눈이 오든지 매일 우유를 배달하신다.

① 내 동생은 내가 무엇을 하거나 상관없이 다 따라 한다.

➡ _____

② 아파트에 어떤 차가 들어와도 경비 아저씨를 가장 먼저 만난다.

➡ _____

③ 선생님은 누가 무엇을 물어봐도 언제나 친절하게 대답해 주신다.

➡ _____

④ 경비 아저씨는 어떤 차가 들어와도 다 교통정리를 해 주신다.

➡ _____

4. 〈보기〉와 같이 써 봅시다.

〈보기〉 준수는 운동을 아주 잘해요. <u>어떤 운동을 하든지</u> 항상 1등을 해요.
(어떤 운동을 하다)

① 준수는 재미있어요. _____ 웃겨요.
(무슨 행동을 하다)

② 서영이는 책임감이 강해요. _____ 꼭 지켜요.
(무슨 약속을 하다)

③ 다니엘은 친절해요. _____ 잘 들어줘요.
(누가 어떤 부탁을 하다)

④ 타이선은 성실해요. _____ 항상 숙제를 다 해요.
(무슨 일이 있다)

글씨 연습

● 글씨를 바르게 써 봅시다.

전	구	를		발	명	하	다

정	성	껏		환	자	를		간	호	하	다	.

	에	디	슨	은		축	음	기	를		발	명
했	을		뿐		아	니	라		전	화	기	도
발	명	했	어	요	.							

책	임	감	이		강	하	다

성	실	하	다

	아	침	에		제	일		먼	저		만	날
수		있	는		사	람	은		우	유		아
주	머	니	입	니	다	.		우	유		아	주	머
니	는		비	가		오	든	지		눈	이	
오	든	지		매	일		우	유	를		배	달
하	십	니	다	.								

8 진로

① 내가 좋아하는 것

1. 알맞은 말을 골라 써 봅시다.

춤을 따라 추다   자동차 장난감을 가지고 놀다   인형 옷을 갈아입히다

병원놀이를 하다   개그 프로그램을 보다   공룡 그림책을 보다

① _____   ② _____   ③ _____

④ _____   ⑤ _____   ⑥ _____

2. 알맞은 말을 써 봅시다.

① 유키는 좋아하는 가수의 노래만 나오면 춤을 _____ .

② 디자이너가 꿈인 서영이는 _____ 는 것을 정말 좋아해요.

③ 준서는 공룡을 좋아해서 시간이 있으면 늘 _____ .

④ 오딜은 자동차를 너무 좋아해서 오늘도 _____ .

⑤ 다니엘은 _____ 면서 깔깔 웃어요.

⑥ 꿈이 수의사인 엠마는 _____ 는 것을 좋아해요.

자동차 장난감을 가지고 놀다, 인형 옷을 갈아입히다, 병원놀이를 하다,
공룡 그림책을 보다, 춤을 따라 추다, 개그 프로그램을 보다 ㄹ -던데   ● 〈의사소통 한국어 4〉 144~145쪽

3. 〈보기〉와 같이 써 봅시다.

〈보기〉

가: 오딜, 너는 뭘 할 때 제일 즐거워?
나: 난 자동차 장난감을 가지고 놀 때 제일 즐겁던데.

① 가: 다니엘, 너는 뭘 할 때 시간 가는 줄 모르겠어?
나: _____.

② 가: 유키, 너는 언제 기분이 제일 좋아?
나: _____.

③ 가: 엠마, 너는 뭘 할 때 가장 재미있어?
나: _____.

④ 가: 준서야, 너는 언제 제일 신이 나?
나: _____.

4. 빈칸에 알맞은 말을 써 봅시다.

① 가: 강아지와 놀아 본 사람 있어? 나는 너무 재밌던데.
나: _____.
다: _____.

② 가: 너희들 자전거 타는 거 좋아해? 나는 _____.
나: _____.
다: _____.

1. 같은 색깔의 물방울을 골라 써 봅시다.

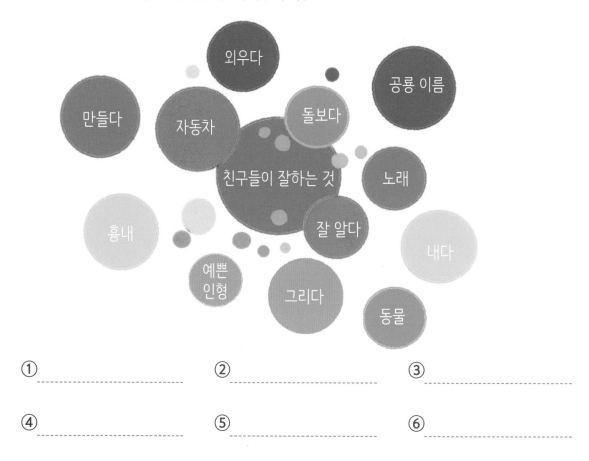

① _____ ② _____ ③ _____

④ _____ ⑤ _____ ⑥ _____

2. 〈보기〉와 같이 써 봅시다.

〈보기〉 너는 피아노를 잘 쳐. ➡ 너는 피아노를 잘 치잖아.

① 엠마, 너는 동물을 잘 돌봐.

➡ _____

② 다니엘은 다른 사람 흉내를 잘 내.

➡ _____

③ 준서는 공룡 이름을 잘 외워.

➡ _____

3. 〈보기〉와 같이 써 봅시다.

〈보기〉

유키: 나는 잘하는 게 없는 것 같아.

준서: 무슨 소리야? 너는 노래를 잘 만들잖아.

서영: 맞아. 춤도 잘 추잖아.

①

다니엘: 나는 뭘 잘하지? 잘하는 게 없어.

타이선: _____ .

장위: _____ .

②

오딜: _____ .

엠마: _____ .

준서: _____ .

③

서영: _____ .

유키: _____ .

다니엘: _____ .

4. 다니엘이 받은 편지입니다. 알맞은 말을 써 봅시다.

다니엘, 너 때문에 항상 재미있어. 너는 선생님 흉내를 잘 내잖아. _____

오늘 네 덕분에 많이 웃었어. 너는 매일 재미있는 말을 ① _____

다니엘, ② _____ 너 앞으로 개그맨이 되는 게 어때?

너 원래 그렇게 웃겨? 나하고 있을 때는 ③ _____

아까 기분이 안 좋았는데, ④ _____ 그래서 기분이 좋아졌어. 고마워.

1. 친구들의 성격을 나타내는 말을 써 봅시다.

① _____

② _____

③ _____

④ _____

⑤ _____

⑥ _____

2. 다음 성격에 알맞은 직업을 써 봅시다.

① 유쾌하고 재미있어요.   개그맨

② 마음이 따뜻하고 동물을 좋아해요.

③ 흥이 많고 어려운 춤을 잘 따라 춰요.

④ 상상력이 풍부하고 예쁜 옷을 잘 그려요.

⑤ 공룡 이름을 잘 외우고 집중력이 강해요.

⑥ 도전 정신이 강해요. 새로운 일을 해 보는 것을 좋아해요.

3. 써 봅시다.

작다 ➡ 작은가 봐	좋다 ➡	많다 ➡	넓다 ➡
크다 ➡ 큰가 봐	아프다 ➡	멀다 ➡	덥다 ➡

4. 〈보기〉와 같이 써 봅시다.

〈보기〉　　다니엘은 개그맨이 되고 싶구나. 성격이 아주 유쾌한가 봐.
————————————————————————————

① 　오딜은 ————————————————
————————————————————————————

② 　서영이는 ————————————————
————————————————————————————

③ 　엠마는 ——————————————————
————————————————————————————

④ 　유키는 ——————————————————
————————————————————————————

5. 빈칸에 알맞은 말을 써 봅시다.

① 가: 다니엘, 너는 앞으로 뭐가 되고 싶어?

　　나: 나는 ——————————————————

　　가: 그래? 재미있는 일을 좋아하는구나. ——————————

② 가: 오딜, 너는 꿈이 뭐야?

　　나: 나는 ——————————————————

　　가: 너는 자동차 ————————————————

4 장래 희망

1. 알맞은 낱말을 써 봅시다.

① _____

② _____

③ _____

④ _____

⑤ _____

2. 〈보기〉와 같이 써 봅시다.

〈보기〉 _공룡 그림책을 많이 보아서인지_ 공룡에 관심이 많아요.
　　　　　(공룡 그림책을 많이 보다)

① 티라노사우루스는 _____ 사냥을 아주 잘해요.
　　　　　　　　　　(턱이 강하다)

② 다니엘은 _____ 개그맨이 되고 싶어 해요.
　　　　　　(개그 프로를 즐겨 보다)

③ 유키는 _____ 연예인이 되고 싶어 해요.
　　　　　(무대에 서는 것을 좋아하다)

④ 저는 _____ 요리사가 되고 싶어요.
　　　　(먹는 것을 좋아하다)

⑤ 오딜은 _____ 카레이서가 되고 싶어 해요.
　　　　　(빠른 속도를 즐기다)

3. 써 봅시다.

가다 ➡ 가서인지   좋다 ➡   찾다 ➡   아프다 ➡

먹다 ➡ 먹어서인지   읽다 ➡   슬프다 ➡   덥다 ➡

4. 〈보기〉와 같이 써 봅시다.

〈보기〉

가: 다니엘, 너는 장래 희망이 뭐야?

나: 나는 개그 프로를 즐겨 보아서인지 개그맨이 되고 싶어.

① 가: 서영아, 너는 커서 뭐가 될 거야?

　　나: _____.

② 가: 엠마는 커서 뭐가 되고 싶대?

　　나: _____.

③ 가: 유키는 장래 희망이 뭐예요?

　　나: _____.

5. 빈칸에 알맞은 말을 써 봅시다.

안녕하세요? 저는 유키입니다. 저는 춤추고 노래하는 것을 좋아합니다. 저는

좋아하는 가수의 춤을 ①_____ 때 제일 즐겁습니다. 그리고 노래를

②_____ 인지 새로운 노래에 관심이 많습니다. 또 흥이

③_____ 인지 제 꿈은 ④_____ 입니다. 무대

⑤_____ 인지 ⑥_____ 이 되면 행복할 것 같습니다.

글씨 연습

● 글씨를 바르게 써 봅시다.

춤	을		따	라		추	다	.

공	룡		이	름	을		외	우	다	.

	다	니	엘	,	너	는		친	구	들		흉
내	를		아	주		잘		내	잖	아	.	선
생	님		흉	내	도		잘		내	잖	아	.

集中력이 강하다

유쾌하다

저는 나중에 공룡 박사
가 되고 싶어요. 어렸을
때부터 공룡 그림책을 많
이 보아서인지 공룡에 관
심이 많아요. 공룡은 종류
가 많은데, 저는 티라노사
우루스를 제일 좋아해요.

Ⅰ. 빈칸에 들어갈 말을 골라 봅시다. [1-6]

1. 소나기가 내렸어요. 그래서 _____.

    ① 산불이 났어요　　　　　② 장마가 졌어요

    ③ 무지개가 떴어요　　　　④ 길이 눈으로 덮였어요

2. 장위: 친구들과 어디를 가고 싶어?

    촘푸: 나는 _____ 로/으로 가서 별자리를 보고 싶어. 너는?

    ① 동물원　　　　② 놀이공원　　　　③ 극장　　　　④ 천문대

3. 다니엘: 무슨 일이 있었어?

    타이선: 달리기하다가 _____.

    ① 넘어지고 말았어　　　　② 길을 잃고 말았어

    ③ 물을 엎지르고 말았어　　④ 창문을 깨뜨리고 말았어

4. 다니엘: 일단 내가 끝까지 한 다음에 네가 해.

    서영: 그러지 말고 한 사람씩 _____ 하자.

    ① 번갈아　　　　② 먼저　　　　③ 혼자　　　　④ 다시

5. 오딜은 앞으로 카레이서가 되고 싶구나. _____.

    ① 유쾌한가 봐　　　　　　② 상상력이 풍부한가 봐

    ③ 집중력이 강한가 봐　　　④ 도전 정신이 강한가 봐

6. (　　　)

> 운동회가 열렸어요. 우리 편은 청군이에요. 큰 소리로 응원했더니
> _____. 목이 아파도 청군이 이겨서 기분이 참 좋았어요.

① 배가 고팠어요   ② 목이 쉬었어요
③ 백군이 이겼어요   ④ 운동회를 마쳤어요

Ⅱ. 빈칸에 공통으로 들어갈 말을 골라 봅시다. [7-8]

7. (　　　)

> 추석에는 다양한 (　　)이/가 있습니다. 먼저 음식과 관련된 (　　)이/가
> 있습니다. 추석에는 송편을 빚습니다. 그리고 추석에는 놀이와 관련된
> (　　)이/가 있습니다. 추석에는 사람들이 모여 씨름을 합니다. 추석의
> 이러한 (　　)은/는 사람들을 하나로 묶어 줍니다.

① 놀이   ② 인사   ③ 풍습   ④ 잔치

8. (　　　)

> 촘푸: 엠마, 너는 누구를 존경해?
> 엠마: 난 물시계를 _____ 한 세종대왕을 존경해.
> 촘푸: 나는 에디슨을 존경해. 에디슨은 전구를 _____ 했어.

① 발명   ② 작곡   ③ 간호   ④ 준비

Ⅲ. 빈칸에 들어갈 말을 골라 봅시다. [9-15]

9. (   )

타이선: 내가 공을 던질게. 너는 공을 피할래?

엠마: 그래. 내가 _____ 너는 공을 던져.

① 공을 피하듯이   ② 공을 피하느라고
③ 공을 피할 테니까   ④ 공을 피하기 위해

10. (   )

아버지: 만들기 활동을 하는구나. 필요한 것은 없니?

다니엘: 선생님께서 찰흙을 _____.

① 준비하래요   ② 준비하재요
③ 준비하곤 해요   ④ 준비하도록 해요

11. (   )

서영: 우리 반 모둠에 기록이가 왜 필요해요?

선생님: 기록한 내용을 _____ 필요해요.

① 발표할까 봐   ② 발표하듯이
③ 발표했더니   ④ 발표하기 위해서

12. (　　　　)

서영: 어제 무슨 일이 있었어? 왜 전화를 안 받았어?

타이선: 미안해. 동생이 울어서 ＿＿＿＿＿＿＿＿＿＿ 못 받았어.

① 동생을 달랠까 봐　　　　　② 동생을 달랠수록

③ 동생을 달래느라고　　　　　④ 동생을 달래는 덕분에

13. (　　　　)

　내가 우리 학교에 처음 전학 왔을 때는 좀 당황스러웠어. 나만 피부색이 달라서 친구들이 이상하게 ＿＿＿＿＿＿＿＿＿＿ 그랬어. 그런데 지금은 친구들하고 다 잘 지내고 학교생활도 재미있어.

① 생각했더니　　　　　② 생각할까 봐

③ 생각해서인지　　　　　④ 생각하기는 하지만

14. (　　　　)

서영: 우리 지난 광복절에 무엇을 했지?

타이선: 광화문 광장에서 기념 행사를 ＿＿＿＿＿＿＿＿＿＿ 기억이 나.

① 봤던　　　② 보기 위해서　　　③ 보던데　　　④ 보아서인지

15. (   )

> 우리 동네에는 훌륭한 이웃이 있습니다. 아침에 제일 먼저 만날 수 있는 사람은 우유 아주머니입니다. 우유 아주머니는 날씨가 _____ 매일 우유를 배달하십니다. 어른들은 아주머니를 아주 성실한 사람이라고 칭찬합니다.

① 어떨수록   ② 어떤데   ③ 어떻든지   ④ 어때서인지

Ⅳ. 다음 글을 읽고 맞는 것을 골라 봅시다. [16]

16. (   )

> 추운 겨울이 오고 있어요. 서울과 대전은 눈 대신에 비가 내린대요. 아직은 춥지 않은가 봐요. 대구와 광주는 흐리대요. 부산과 제주는 해가 떠서 하늘이 맑대요.

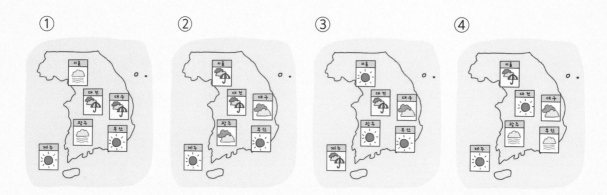

V. 다음 글을 읽고 맞지 <u>않는</u> 것을 골라 봅시다. [17-20]

17. (   )

안녕하세요. 저는 4학년 2반 타이선이에요. 우리 학교는 해마다 한마당 축제를 열어요. 작년에도 열심히 연습해서 무대 위에서 연극 공연을 했어요. 공연을 마치고 박수를 받으니 정말로 기분이 좋았어요. 이번 축제에는 요양원의 할머니, 할아버지도 초대하는 게 어때요? 우리 학교 근처에 요양원이 있는데 할머니, 할아버지께서 아이들을 정말로 좋아하세요. 보람찬 나래초 한마당 축제를 위해 제안해요.

① 학교 근처에 요양원이 있어요.
② 타이선은 작년 축제에서 연극 공연을 했어요.
③ 작년에는 학교에서 한마당 축제를 열지 않았어요.
④ 타이선은 요양원의 할머니, 할아버지를 초대하고 싶어요.

18. (   )

미세 먼지가 점점 심해지고 있어요. 미세 먼지는 크기가 매우 작은 먼지예요. 미세 먼지를 많이 마시면 건강이 나빠질 수 있어요. 미세 먼지가 심해지면 이렇게 행동해요. 첫째, 바깥보다는 실내에서 지내요. 둘째, 집이나 교실의 창문을 닫아요. 셋째, 밖으로 나갈 때에는 꼭 마스크를 쓰도록 해요. 넷째, 밖에 나갔다가 돌아오면 깨끗하게 씻도록 해요.

① 미세 먼지는 매우 작은 먼지예요.
② 미세 먼지는 건강에 나쁘지 않아요.
③ 미세 먼지가 심해지면 창문을 닫아요.
④ 미세 먼지가 심할 때는 밖에서 마스크를 써요.

19. (   )

> 오딜은 오늘 친구들과 집에서 즐겁게 놀았어요. 스케치북 대신에 달력을 찢어서 거기에 그림을 그렸어요. 벽에도 그림을 그렸어요. 또 어항에서 물고기도 꺼냈어요. 그런데 물고기를 꺼내다가 어항을 떨어뜨려서 어항이 깨졌어요. 그때 엄마가 집에 오셨어요. "집 안이 이게 뭐니?" 엄마가 화가 나셨어요. "벽에 낙서를 했어?" 오딜은 후회했어요. '스케치북에 그림을 그릴걸.' 엄마가 또 말씀하셨어요. "어항은 왜 깨뜨렸니?" 오딜은 다시 후회했어요. '물고기를 꺼내지 말걸.'

① 집에 오신 엄마가 화가 나셨어요.

② 오딜의 친구들이 집에 놀러 왔어요.

③ 오딜과 친구들은 벽에 그림을 그렸어요.

④ 오딜과 친구들은 스케치북에 그림을 그렸어요.

20. (   )

어느 날 프랭크는 정원에서 음료수가 담긴 컵을 막대로 젓고 있었어요. 그런데 갑자기 집에서 어머니가 프랭크를 부르셨어요. 집으로 들어간 프랭크는 정원에 두고 온 컵을 깜빡 잊고 말았어요. 컵은 밤새 추운 정원 테이블 위에 놓여 있었어요.

다음 날 아침 프랭크는 얼어 버린 컵을 보고 생각했어요.

'어제 컵을 집 안으로 가지고 들어갈걸. 그랬으면 얼지 않았을 텐데.'

프랭크는 컵을 안 가지고 들어간 것을 후회했어요. 그리고 컵에서 막대를 뽑으려는 순간, 컵만 떨어져 나왔어요. 막대를 잡고 한 입 먹어 보니 정말 맛있었어요. 그래서 프랭크는 다짐했어요.

'정말 맛있구나. 여름에 이렇게 아이스바를 만들어 먹어야지.'

① 컵에서 막대만 떨어져 나왔어요.

② 다음 날 아침 컵이 얼어 버렸어요.

③ 프랭크는 우연히 아이스바를 만들었어요.

④ 프랭크는 컵을 집 안에 안 가지고 들어갔어요.

● '알고 있나요?' 정답

1. 1월 1일 새해의 첫날

2. ②

3. ①, ④

4. ① 건강해지고 싶

  ② 하루에 한 시간씩 한국어 공부를 할 거예요

5. **예**

> ○월 ○일   날씨: 흐림
> 제목: 친구하고 같이 숙제를 함
> 오늘 학교가 끝난 다음에 친구하고 같이 우리 집에 왔다. 그리고 같이 모둠 숙제를 했다. 같이 PPT를 만들고 발표 준비를 했다. 숙제는 싫지만 친구하고 같이 하니까 참 재미있었다. 다음에도 친구하고 같이 숙제를 하고 싶다.

6. **예** 친구하고 놀이터에서 놀다가 몸을 다쳤어요. 친구하고 축구를 했는데 넘어졌어요. 그래서 무릎에 피가 났어요. 피가 나서 무릎에 연고를 바르고 밴드를 붙였어요.

7. **예** 제 취미는 게임을 하는 거예요. 저는 형하고 같이 게임을 하는데 아주 재미있어요. 저는 하루에 한 번 게임을 해요.

8. **예** 저는 가족하고 같이 부산에 간 적이 있어요. 부산에서 맛있는 음식을 많이 먹었어요. 그리고 바다도 보았어요. 부산에 큰 건물이 많았어요. 부산에서 아주 재미있었어요.

9. **예** 오늘 숙제는 없어요. 저는 친구들하고 동영상을 만드는 숙제를 한 적이 있어요. 조금 어려웠지만 아주 재미있었어요.

10. **예** 학교에서는 뛰면 안 돼요. 그리고 교실에서는 조용히 해야 하고, 친구들하고 싸우면 안 돼요. 급식실에서는 줄을 서야 하고, 좋아하는 음식만 먹으면 안 돼요.

11. **예** 부모님께서 열심히 공부하라고 하셨어요. 친구들하고 사이좋게 지내라고 하셨어요. 친구들하고 점심을 맛있게 먹으라고 하셨어요.

12. **예** 저는 휴대 전화가 없어요. 그런데 누나는 있어요. 누나는 휴대 전화로 사진을 많이 찍어요. 그리고 친구들에게 문자를 자주 보내요. 휴대 전화를 너무 오래 보면 안 돼요.

13. **예** 제 장래 희망은 축구 선수예요. 저는 운동을 좋아하는데 그중에서 축구를 제일 좋아해요. 저는 다섯 살 때부터 축구 선수가 되고 싶었어요. 축구 선수는 힘도 세고 돈도 많이 버니까 축구 선수가 되고 싶어요.

1단원 기상 현상

1. 날씨에 따른 모습

1. ① 소나기가 쏟아지다

  ② 안개가 끼다

  ③ 태풍이 오다

  ④ 폭설이 내리다

  ⑤ 장마가 지다

2.

① — 앞이 잘 안 보이다
② — 길이 눈으로 덮이다
③ — 비바람이 몰아치다
④ — 산사태가 일어나다
⑤ — 강물이 불어나다

3. 1) ① 안개가 꼈어요. 안개로 인해

② 태풍이 왔어요. 태풍으로 인해

③ 소나기가 쏟아졌어요. 소나기로 인해

④ 장마가 졌어요. 장마로 인해

2) ① 바람으로 인해 모자가 벗겨졌어요.

② 늦잠으로 인해 지각을 했어요.

③ 감기로 인해 병원에 갔어요.

④ 한국어 공부로 인해 자신감이 생겼어요.

4. 1) 내일 날씨를 말씀드리겠습니다. 내일부터 장마가 지겠습니다. 장마로 인해 강물이 불어날 수 있으니 조심하시길 바랍니다.

2) 날씨를 알려드립니다. 서울과 대구는 흐리겠습니다. 대전은 맑겠습니다. 광주는 안개가 끼겠습니다. 부산은 소나기가 쏟아지겠습니다. 제주는 천둥 번개가 치겠습니다.

2. 계절에 따른 날씨와 생활

1. 봄: 포근하다/황사가 심하다

여름: 습하다/무덥다/피부가 끈적이다

가을: 건조하다/산불이 잘 나다

겨울: 감기 몸살에 걸리기 쉽다

2. 1)

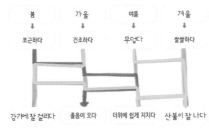

봄	가을	여름	겨울
↓	↓	↓	↓
포근하다	건조하다	무덥다	쌀쌀하다

감기에 잘 걸리다   흙음이 오다   더위에 쉽게 지치다   산불이 잘 나다

2) ① 가을 날씨는 건조해요. 가을 날씨가 건조할수록 산불이 잘 나게 돼요.

② 여름 날씨는 무더워요. 여름 날씨가 무더울수록 더위에 쉽게 지치게 돼요.

③ 겨울 날씨는 쌀쌀해요. 겨울 날씨가 쌀쌀할수록 감기 몸살에 걸리기 쉽게 돼요.

3. ① 가을/여름/가을/건조하게/산불이 잘 나게

② 이제 곧 겨울이에요. 가을에서 겨울이 되면 쌀쌀하게 돼요. 날씨가 쌀쌀할수록 감기

몸살에 걸리기 쉽게 돼요.

3. 미세 먼지와 건강한 생활

1. 질병/눈병

2.

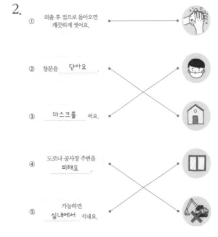

① 외출 후 집으로 돌아오면 깨끗하게 씻어요.

② 창문을 닫아요.

③ 마스크를 써요.

④ 도로나 공사장 주변을 피해요

⑤ 가능하면 실내에서 지내요.

3. 가도록 하다/쓰도록 하다/줄이도록 하다 돌리도록 하다/고르도록 하다/열도록 하다 공부하도록 하다

4. ① 실내에서 지내도록

② 피하도록

③ 창문을 닫도록

④ 마스크를 쓰도록

5. (가을에는) 날씨가 건조할 수 있어요. 날씨가 건조할수록 산불이 잘 나게 돼요 (그래서) 건조한 날씨에는 산불을 조심해야 해요.

4. 여러 나라의 기후

1.

온대 기후	사계절이 뚜렷하다
건조 기후	비가 매우 적게 내린다/사막이 많다
냉대 기후	겨울이 길고 여름이 짧다
한대 기후	일 년 내내 춥다/나무가 자랄 수 없다
열대 기후	일 년 내내 무덥고 습하다/밀림이 많다

2. ① 온대
   ② 겨울이 길고 여름이 짧다.
   ③ 사계절이 뚜렷하다.
   ④ 건조
   ⑤ 일 년 내내 무덥고 습하다.
   ⑥ 냉대
   ⑦ 일 년 내내 춥다.

2단원   **체육 활동**

1. 친구와 함께 하는 운동

1.
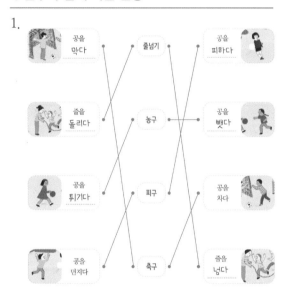

공을 막다 / 줄넘기 / 공을 피하다
줄을 돌리다 / 농구 / 공을 뺏다
공을 튀기다 / 피구 / 공을 차다
공을 던지다 / 축구 / 줄을 넘다

2. ① 줄넘기/돌리면
   ② 피구/공을 피해야 합니다.
   ③ 이 운동의 이름은 농구입니다. 농구를 할 때 친구가 공을 튀기면 공을 뺏어야 합니다.
3. 닫을 테니까/쓸 테니까/늘릴 테니까/들을 테니까/고를 테니까/열 테니까/청소할 테니까
4. ① 나랑 피구하자./너는 공을 피할래
   ② 나랑 농구하자. 내가 공을 튀길 테니까 너는 공을 뺏을래
   ③ 나랑 축구하자. 내가 공을 찰 테니까 너는 공을 막을래
5. ① 색종이를 접을 테니까

② 나는 노래를 부를 테니까 너는 피아노를 칠래
③ 나는 그림을 그릴 테니까 너는 색을 칠할래
④ 나는 물건을 나를 테니까 너는 문을 열어 줄래

2. 운동회에서 겪은 일

1. 1) ① 운동회 ② 응원하기 ③ 기마전
      ④ 줄다리기 ⑤ 이어달리기
      ⑥ 콩 주머니 던지기
   2) ① 콩 주머니 ② 결승점까지
      ③ 잡아당기다 ④ 등에 업다
      ⑤ 큰 소리/응원하다
2. 꺾었더니/걸었더니/울었더니/찼더니/밀었더니/열었더니/쉬었더니
3. ① 세게 잡아당겼더니
   ② 큰 소리로 응원했더니
   ③ 온 힘을 다해 달렸더니
   ④ 등에 오랫동안 업었더니
4. ① 불러 주었더니 아기가
   ② 청소를 열심히 했더니 교실이 깨끗해졌어요
   ③ 매일 아침 공원에서 달리기를 했더니 몸이 튼튼해졌어요
   ④ 틈틈이 말하기 연습을 했더니 한국어 실력이 늘었어요

3. 운동 약속

1. ① 탁구/수영
   ② 줄넘기/피구
   ③ 연극 대신에 영화는 어때
   ④ 바이올린반 대신에 미술반은 어때
2. ① 오딜: 학교 끝나고 공원에서 자전거 탈래?
      준서: 자전거 대신에 배드민턴은 어때?
      오딜: 좋아. 그럼 체육관에서 보자.
   ② 엠마: 학교 끝나고 체육관에서 음악 줄넘기 할래?

촘푸: 음악 줄넘기 대신에 탁구는 어때?

엠마: 좋아. 그럼 스포츠 센터에서 보자.

3. ① 함께 배드민턴 칠 사람?

　　시간: 일요일 오전 열 시

　　장소: 운동장

　② 함께 자전거 연습할 사람?

　　시간: 방과 후 오후 세 시

　　장소: 공원

　　타이선

4. 가족과 함께 간 등산

1.

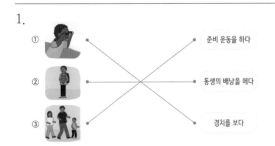

　　① ――――――――――――― 경치를 보다

　　② ――――――――――――― 동생의 배낭을 메다

　　③ ――――――――――――― 준비 운동을 하다

2. 5 → 2 → 1 → 4 → 3

3. ① 저 멀리 크고 긴 다리가 보였다

　② 오랫동안 가파른 등산로를 걸었다

　③ 등산을 마치고 차에 올라탔다

4. ① 늦잠을 잤더니 지각을 했어요

　② 친구를 도왔더니 친구가 고맙다고 했어요

　③ 밥을 굶었더니 배가 몹시 고팠어요

　④ 정신없이 달렸더니 넘어졌어요

3단원　명절과 기념일

1. 설날의 모습

1. 떡국/널뛰기/새해 인사/연/한복/그네/윷놀이

연	차	최	원	한	복
현	례	새	해	인	사
송	해	그	네	랑	세
윷	김	세	존	만	널
놀	찬	떡	국	병	뛰
이	사	경	양	화	기

2. 입더라/떡국이더라/차더라/열더라/들더라/
　열리더라/친구더라

3. ① 팔이 아프더라

　② 산사태가 나더라

　③ 재미있더라

　④ 연을 날리더라

4. ① 놀이 마을/놀이 마을/그네 타기

　② 설날에 정문에서 무엇을 봤어?/정문에서
　　사람들이 새해 인사를 하더라.

　③ 설날에 민속 마을에서 무엇을 봤어?/민속
　　마을에서 사람들이 차례를 지내더라.

　④ 설날에 장터에서 무엇을 봤어?/장터에서
　　사람들이 떡국을 먹더라.

2. 추석의 풍습

1. ① 차례/지내다

　② 곡식/수확하다

　③ 성묘

　④ 씨름

　⑤ 송편/빚다

2. ① 가을에 수확한 곡식에 대해 감사하는 날이
　　에요.

　② 음식 그리고 놀이와 관련된 풍습이 있어요.

　③ 쌀가루를 반죽하여 둥글게 빚어요.

　④ 두 사람이 서로 힘을 겨루는 놀이예요.

3. 좋은데/아픈데/송편인데
　미는데/힘든데/먼데

4. ① 유키는 내 친구인데 한국어 공부를 열심히
　　해요.
　② 새로 담근 김치가 매우 맛있는데 밥과 같이
　　먹을 때 더욱 맛있어요.
　③ 나는 어제 인사동에 놀러 갔는데 한국의
　　전통 물건들이 많이 있었어요.
　④ 아버지께서 사 주신 자전거는 빨간색인데
　　나의 가장 소중한 보물이에요.
　⑤ 이곳이 내가 태어난 고향인데 공기도 좋고
　　경치도 아름다운 곳이에요.
5. 음식과/놀이/송편을 빚어서 먹어요/쌀가루를
　반죽해서 둥글게/씨름을 해요/서로 힘을 겨루는

3. 기념일에 하고 싶은 일

1.

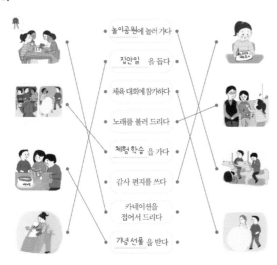

2. 아프곤 하다/듣곤 하다/넘기곤 하다
3. ① (어버이날마다) 노래를 불러 드리곤 했어
　　요. 이번에는 집안일을 돕고 싶어요
　② (어린이날마다) 기념 선물을 받곤 했어요.
　　이번에는 체험 학습을 가고 싶어요
4. ① 이어달리기를 하곤 했다
　② 탁구를 치곤 했다

4. 국경일에 찾아간 곳

1. 1) 태극기를 그렸어요/기념행사를 봤어요/

애국가를 불렀어요
　2) 전시물을 봤어요/한글을 예쁘게 꾸몄어요/
　　글자로 이름을 만들었어요
2. 뛰었던/들었던/넘겼던
　떠올랐던/고쳤던/불렀던
3. ① 다녔던 ② 찍었던 ③ 찾았던 ④ 무더웠던
4. ① 한글을 예쁘게 꾸몄던
　② 애국가를 불렀던
　③ 전시물을 보았던
　④ 글자로 이름을 만들었던
　⑤ 태극기를 그렸던

4단원 모임 활동

1. 우리 학교 동아리 활동

1. 그리기부/합주부/만들기부/글짓기부/연극부
2. ① 독서 감상문을 쓴대요
　② 연극부에서는 공연 연습을 한대요
　③ 만들기부에서는 찰흙으로 다양한 모양을
　　빚는대요
　④ 합주부에서는 악기를 연주한대요
3. 걸으래요/다듬으래요/차래요
　들으래요/넘기래요/도우래요
4. ① 선생님께서 내일 만들기 활동을 하려면
　　찰흙을 준비하래요.
　② 내일 연극 연습을 하려면 대본을 미리
　　챙겨야 해요.
　③ 선생님께서 내일 악기를 연주하려면 집에서
　　악기를 가져오래요.
　④ 다음 주 동아리 활동 시간에 글짓기를
　　하려면 책을 미리 읽어 두어야 해요.

2. 현장 체험 학습

1.

2.
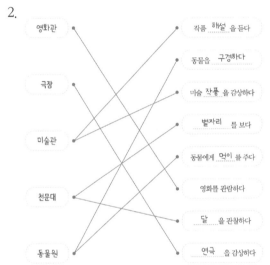

3. 공부하재요/듣재요/만들재요
   뛰재요/연습하재요/다듬재요/돕재요
4. 나는 이번 현장 체험 학습으로 동물원에 가서
   동물들을 구경하고 싶어요. 그런데 장위는
   영화관에서 영화를 관람하고 싶어 해요.
5. ① 준서가/동물에게 먹이를 주재요
   ② 빈센트가/극장에서/연극을 감상하재요
   ③ 유키가 천문대에서 별자리를 보재요
   ④ 장위가 영화관에서 영화를 관람하재요

3. 봉사 활동 제안하기

1. 청소를 돕다/심부름을 해 드리다/책을 읽어
   드리다/함께 산책하다/어깨를 주물러 드리다/
   할아버지 할머니를 초대하다
2. ① 심부름을 해 드리는
   ② 책을 읽어 드리는 게 어때요
   ③ 함께 산책하는 게 어때요
   ④ 어깨를 주물러 드리는 게 어때요
   ⑤ 할머니, 할아버지를 초대하는 게 어때요
3. ① 현장 체험 학습으로 동물원에 가는
   ② 글짓기부에서 독서 감상문을 쓰는 게 어때
   ③ 뜨거운 물에 얼음을 넣어 차갑게 식히는
      게 어때
   ④ 아침에 일어나자마자 병원에 들르는 게
      어때
   ⑤ 방학 동안 외할머니 댁에 머무는 게 어때
4. ① 여러 어르신들의 심부름을 해 드렸더니
      힘들었지만 재미있었어요
   ② 큰 목소리로 책을 읽어 드렸더니 목이
      아팠지만 보람찼어요
   ③ 하지만/어르신들과 함께 산책을 하고 나니
      피곤했지만 기분은 좋았어요
   ④ 할머니, 할아버지의 어깨를 주물러 드렸더니
      팔이 아팠어요. 하지만 마음은 뿌듯했어요

4. 모둠 역할 정하기

1.
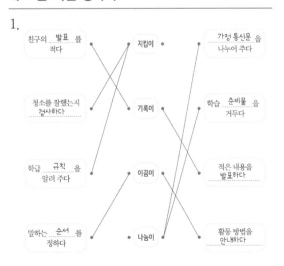

2. ① 청소를 잘했는지 검사하기 위해서 지킴이가
　　필요해요
　② 말하는 순서를 정하기 위해서 이끔이가
　　필요해요
　③ 가정 통신문을 나누어 주기 위해서 나눔이가
　　필요해요
3. 읽기 위해서/듣기 위해서/만들기 위해서
　공부하기 위해서/던지기 위해서
　챙기기 위해서/돕기 위해서
4. ① 좀 더 건강해지기 위해서 매일같이 운동을
　　해요.
　② 주말에 친구와 놀기 위해서 남은 숙제를
　　해요.
　③ 필요한 돈을 찾기 위해서 은행을 방문해요.
　④ 친구의 생일 선물을 사기 위해서 열심히
　　용돈을 모아요.
5. 백지장도 맞들면 낫다

5단원　**친구 관계**

1. 처음 만난 친구

1.

2. ① 당황스러웠어요
　② 부끄러웠어요
　③ 창피했어요
　④ 쑥스러웠어요
3. 늦을까 봐/들을까 봐/추울까 봐
　볼까 봐/아플까 봐/달까 봐

4. ① 집에 갈 때 길을 잃을까 봐 걱정됐어요.
　② 내가 실수하는 것을 친구들이 볼까 봐
　　창피했어요.
　③ 높은 곳에 올라가면 떨어질까 봐 무서웠
　　어요.
5. 틀릴까 봐/부끄러웠거든요

2. 고마운 친구

1. ① 감동했어요　　　　② 든든했어요
　③ 놀랐어요　　　　　④ 감격했어요

2.

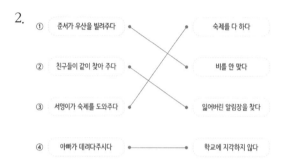

　② 친구들이 같이 찾아 준 덕분에 잃어버린
　　알림장을 찾았어요.
　③ 서영이가 숙제를 도와준 덕분에 숙제를 다
　　했어요.
　④ 아빠가 데려다주신 덕분에 학교에 지각하지
　　않았어요.
3. 읽은 덕분에/찾은 덕분에/들은 덕분에
　간 덕분에/공부한 덕분에/산 덕분에
4. ① 나: 타이선이 종일 같이 찾아 준 덕분에
　　　찾았어
　② 나: 네가 자세하게 약도를 잘 그려 준 덕분에
　　　잘 찾아갔어. 고마워
　　가: 그랬구나. 잘됐어
5. 나하고 같이 열심히 찾아 준 덕분에
　나를 우리 집까지 데려다준 덕분에

3. 내가 그렇게 한 이유

1. ① 잃어버린 물건을 찾다
　② 친구와 수다를 떨다

③ 심부름을 하다

④ 놀이터에서 놀다

⑤ 숙제를 하다

⑥ 동생을 달래다

2. ① 잃어버린 물건을 찾느라고 전화를 못 받았
어요

② 동생을 달래느라고 전화를 못 받았어요

③ 숙제를 하느라고 전화를 못 받았어요

④ 놀이터에서 노느라고 전화를 못 받았어요

3. ① 요즘 숙제가 많아서 숙제를 하느라고 책을
다 못 읽었어

② 이어폰을 끼고 음악을 듣느라고 대답을 못
했어

③ 소풍 가서 뭐 할까 생각하느라고 못 잤어요

④ 뭘 살지 고민하느라고 아직 생일 선물을
준비 못 했어

4. ① 노느라고

② 먹느라고

③ 청소하느라고

4. 거절하는 방법

1. ① 번갈아 하다 ② 약속을 다시 정하다

③ 대신해 주다 ④ 시범을 보여 주다

⑤ 다음으로 미루다

2. ① 시범을 보여 주세요 ② 번갈아 하자

③ 대신해 줄까

3. ① 이번에는 내가 보고 싶은 만화를 보면 안
될까

② 지나가게 좀 비켜 주면 안 될까

③ 가방이 너무 무거운데 좀 들어 주면 안 될까

④ 내가 그날 시간이 안 될 것 같은데 약속을
다시 정하면 안 될까

⑤ 오늘 간식은 다른 것을 먹어 보면 안 될까

4. ① 오늘은 다른 것을 하면 안 될까?

② 이번에도 네가 해./지난번에 내가 했으니
번갈아 하면 안 될까?

1. 학교에서의 실수

1. ① 넘어지다 ② 물을 엎지르다

③ 배턴을 놓치다 ④ 친구와 부딪치다

⑤ 헛발질을 하다

2. ① 길을 잃었어요

② 창문을 깨뜨렸어요

③ 돌부리에 발이 걸렸어요

④ 헛발질을 했어요

⑤ 친구와 부딪쳤어요

3.

② 준서는 배턴을 놓치고 말았어요

③ 준서는 길을 잃고 말았어요

④ 준서는 물을 엎지르고 말았어요

4. 친구와 부딪쳤어요/친구와 부딪치고 말았어요

2. 교실에서의 실수

1.

② 실내화를 잃어버렸구나

② 친구의 생일을 깜빡 잊었구나

③ 선생님 말씀을 못 들었구나

④ 준비물을 안 가져왔구나

⑤ 알림장의 글씨를 잘못 봤구나

3. ① 잘못 가져왔구나

② 못 들었구나

③ 잘못 읽었구나

4. ① 잘못 ② 잘못 알아들었구나

③ 깜빡 ④ 안 좋았구나

3. 후회하는 일

1.

2. 읽을걸/찾을걸/들을걸

볼걸/공부할걸/만들걸

3. ② 꺼내지 말걸

③ 장난감을 치울걸

④ 전화기를 떨어뜨리지 말걸

⑤ 액자를 건드리지 말걸

⑥ 우유 잔을 조심할걸

4. ① 어젯밤에 일찍 잘걸

② 조금 참을걸

③ 앞을 보고 걸을걸

4. 친구와 사이좋게 지내기

1. ① 사과하다 ② 화내다 ③ 놀리다

④ 잘 도와주다 ⑤ 양보하다

⑥ 친구 말을 잘 들어주다

2. ① 오늘은 잊지 말고 숙제를 해야지

② 앞으로는 부모님 말씀을 잘 들어야지

③ 다음부터는 아플 때 약을 잘 먹어야지

④ 앞으로는 쓰레기를 길에 버리지 말아야지

⑤ 이제부터는 친구와 사이좋게 지내야지

3.
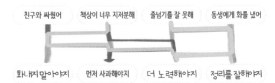

4. 1) 엠마 책을 찢었어요

2) ①

3) 사과해야지

7단원 인물

1. 광화문 광장의 위인들

1.
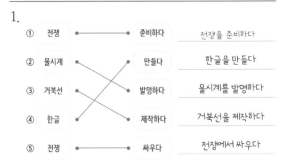

2. ① 준비하셨어요 ② 백성을 위해

③ 나라를 위해 거북선을 만드셨어요

④ 물시계를 발명하셨어요

3. ① 영양사 선생님이 학생들을 위해 맛있는 점심을 준비해 주세요.

② 엄마가 나를 위해 매일 맛있는 간식을 주세요.

③ 내가 동생을 위해 생일 선물을 준비했어요.

④ 친구들이 경찰 아저씨를 위해 편지를 썼어요.

4. 를 위해/열심히 공부할게요.

아침 저희를 위해/안전하게 길을 건널 수 있게 됐어요.

2. 위인전 속 위인들

1
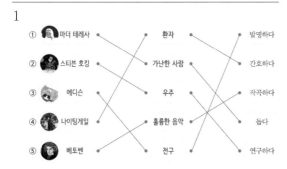

2. ① 연구하고 ② 발명해서 ③ 간호해
    ④ 도와요 ⑤ 작곡했어요
3. ① 경찰 아저씨는 차를 막고 우리가 안전하게
       길을 건너게 했어요.
    ② 베토벤은 우리가 아름다운 음악을 감상하게
       했어요.
    ③ 세종대왕은 우리가 쉽게 글자를 사용하게
       했어요.
    ④ 마더 테레사는 많은 사람들이 굶지 않게
       했어요.
    ⑤ 이순신 장군은 나라를 지켜서 백성들이
       안전하게 살게 했어요.
4. ① 발명했어요 ② 생활할 수 있게 됐어요
    ③ 들을 수 있게 됐어요 ④ 살 수 있게 했어요

3. 존경하는 인물

1. ① 오페라(를) 작곡하다
    ② 축음기(를) 발명하다
    ③ 간호 학교(를) 세우다
    ④ 고아(를) 돌보다
2. ① 간호 학교를 세워서
    ② 오페라를 작곡해서
    ③ 고아를 돌보았어요
    ④ 축음기를 발명해서
3. ① 어린이를 위한 영화를 만들었을 뿐 아니라
    ② 의료 봉사를 한 훌륭한 의사일 뿐 아니라
    ③ 공부를 열심히 했을 뿐 아니라
    ④ 아름답고 독특했을 뿐 아니라

⑤ 뛰어난 연설가일 뿐 아니라
4. ① 축음기를 발명했을
    ② 훌륭한 음악을 작곡했을 뿐 아니라
    ③ 정성껏 환자를 간호했을 뿐 아니라 간호
       학교를 세웠어
    ④ 가난한 사람을 도왔을 뿐 아니라 고아를
       돌보았어

4. 존경하는 이웃

1.

2. ① 책임감이 강하다 ② 정이 많다 ③ 성실하다
3. ① 내 동생은 내가 무엇을 하든지 다 따라 한다.
    ② 아파트에 어떤 차가 들어오든지 경비 아저
       씨를 가장 먼저 만난다.
    ③ 선생님은 누가 무엇을 물어보든지 언제나
       친절하게 대답해 주신다.
    ④ 경비 아저씨는 어떤 차가 들어오든지 다
       교통정리를 해 주신다.
4. ① 무슨 행동을 하든지
    ② 무슨 약속을 하든지
    ③ 누가 어떤 부탁을 하든지
    ④ 무슨 일이 있든지

8단원 진로

1. 내가 좋아하는 것

1. ① 자동차 장난감을 가지고 놀다
    ② 병원놀이를 하다
    ③ 공룡 그림책을 보다

④ 춤을 따라 추다

⑤ 인형 옷을 갈아입히다

⑥ 개그 프로그램을 보다

2. ① 따라 춰요

② 인형 옷 갈아입히

③ 공룡 그림책을 봐요

④ 장난감을 가지고 놀아요

⑤ 개그 프로그램을 보

⑥ 병원놀이를 하

3. ① 난 개그 프로그램을 볼 때 시간 가는 줄
모르겠던데

② 난 춤을 따라 출 때 기분이 제일 좋던데

③ 난 병원놀이를 할 때 가장 재미있던데

④ 난 공룡 그림책을 볼 때 제일 신이 나던데

4. ① 나: 나도 강아지하고 노는 거 정말 좋던데

다: 나는 강아지가 좀 무섭던데

② 가: 정말 신나던데

나: 나는 자전거를 잘 못 타서 힘들던데

다: 나도 자전거를 타면 좀 무섭던데

2. 내가 잘하는 것

1. ① 흉내(를) 내다   ② 예쁜 인형(을) 그리다

③ 동물(을) 돌보다 ④ 공룡 이름(을) 외우다

⑤ 노래(를) 만들다 ⑥ 자동차(를) 잘 알다

2. ① 엠마, 너는 동물을 잘 돌보잖아.

② 다니엘은 다른 사람 흉내를 잘 내잖아.

③ 준서는 공룡 이름을 잘 외우잖아.

3. ① 무슨 소리야? 너는 다른 사람 흉내를
잘 내잖아/맞아. 선생님 흉내를 똑같이
내잖아

② 나는 잘하는 게 없는 것 같아/무슨 소리야?
너는 자동차를 잘 알잖아/맞아. 자동차
이름을 다 외우잖아

③ 나는 뭘 잘하지? 잘하는 게 없는 것 같아/
무슨 소리야? 너는 인형을 잘 그리잖아/
맞아. 너는 인형을 정말 예쁘게 그리잖아

4. ① 많이 하잖아.

② 너는 흉내를 잘 내잖아.

③ 매일 아무 말도 안 하잖아.

④ 네 말을 듣고 많이 웃었어.

3. 진로 탐구 대회

1. ① 유쾌하다 ② 집중력이 강하다

③ 마음이 따뜻하다 ④ 흥이 많다

⑤ 도전 정신이 강하다 ⑥ 상상력이 풍부하다

2. ② 수의사 ③ 연예인 ④ 디자이너

⑤ 공룡 박사 ⑥ 카레이서

3. 좋은가 봐/많은가 봐/넓은가 봐

아픈가 봐/먼가 봐/더운가 봐

4. ① 카레이서가 되고 싶구나/도전 정신이
강한가 봐

② 디자이너가 되고 싶구나/상상력이 풍부한가 봐

③ 수의사가 되고 싶구나/마음이 따뜻한가 봐

④ 연예인이 되고 싶구나/흥이 많은가 봐

5. ① 개그맨이 되고 싶어/유쾌한가 봐

② 카레이서가 되고 싶어/를 잘 알잖아. 도전
정신이 강한가 봐

4. 장래 희망

1. ① 반려동물을 키우다

② 꾸미는 것을 좋아하다

③ 빠른 속도를 즐기다

④ 개그 프로를 즐겨 보다

⑤ 무대에 서는 것을 좋아하다

2. ① 턱이 강해서인지

② 개그 프로를 즐겨 보아서인지

③ 무대에 서는 것을 좋아해서인지

④ 먹는 것을 좋아해서인지

⑤ 빠른 속도를 즐겨서인지

3. 좋아서인지/찾아서인지/아파서인지

읽어서인지/슬퍼서인지/더워서인지

4. ① 나는 꾸미는 것을 좋아해서인지 디자이너가

되고 싶어

② 엠마는 반려동물을 키워서인지 수의사가
되고 싶대

③ 저는 무대에 서는 것을 좋아해서인지 연예
인이 되고 싶어요

5. ① 따라 출 ② 좋아해서 ③ 많아서
④ 연예인 ⑤ 에 서는 것을 좋아해서
⑥ 연예인

● '잘 배웠나요?' 정답

1. ③   2. ④   3. ①   4. ①   5. ④   6. ②   7. ③   8. ①   9. ③   10. ①

11. ④   12. ③   13. ②   14. ①   15. ③   16. ②   17. ③   18. ②   19. ④   20. ①

메모

메모

기획 · 담당 연구원 ——

정혜선 국립국어원 학예연구사
이승지 국립국어원 연구원
박지수 국립국어원 연구원

집필진 ——

책임 집필
이병규 서울교육대학교 국어교육과 교수

공동 집필
박지순 연세대학교 글로벌인재학부 교수
손희연 서울교육대학교 국어교육과 교수
안찬원 서울창도초등학교 교사
오경숙 서강대학교 전인교육원 교수
이효정 국민대학교 교양대학 교수
김세현 서울명신초등학교 교사
김정은 서울가원초등학교 교사
박유현 연세대학교 언어연구교육원 한국어학당 강사

박지현 연세대학교 언어연구교육원 한국어학당 강사
박혜연 서울교대부설초등학교 교사
신윤정 서울도림초등학교 교사
신현진 서울강동초등학교 교사
이은경 세종사이버대학교 한국어학과 교수
이현진 서울천일초등학교 교사
조인옥 연세대학교 언어연구교육원 한국어학당 교수
강수연 서울구로중학교 다문화이중언어 교원

초등학생을 위한
표준 한국어 익힘책
고학년 의사소통 4

ⓒ 국립국어원 기획 | 이병규 외 집필

초판 1쇄 인쇄 | 2020년 1월 28일
초판 3쇄 발행 | 2023년 10월 4일

기획 | 국립국어원
지은이 | 이병규 외
발행인 | 정은영
책임 편집 | 한미경
디자인 | 표지디자인붐, 박현정 본문박현정, 이경진, 정혜미
일러스트 | 우민혜, 민효인, 김채원, 고굼씨
사진 제공 | 셔터스톡

펴낸곳 | 마리북스
출판 등록 | 제2019-000292호
주소 | (04037) 서울시 마포구 양화로 59 화승리버스텔 503호

전화 | 02)336-0729, 0730
팩스 | 070)7610-2870
이메일 | mari@maribooks.com
인쇄 | (주)신우인쇄

ISBN 979-11-89943-26-4 (64710)
      979-11-89943-11-0 (64710) set